气象与健康：应用气象心理学分析

姜海如　闻新国　编著

气象出版社
China Meteorological Press

内容提要

本书分析了气象条件、气象环境对人们生理、心理的影响，揭示了人们身体和心理活动对气象环境反应的一般规律。本书旨在加深人们对天人和谐思想观的认识，增加人们的气象知识，可供从事大气科学、医学、心理学、环境学和社会学的科技人员参考，更值得关心人体健康和对天气反应敏感者以及生产与气象消费品相关行业的企业家和经营者阅读。

图书在版编目（CIP）数据

气象与健康：应用气象心理学分析 / 姜海如，闻新国编著.
北京：气象出版社，2013.12
ISBN 978-7-5029-5857-2

Ⅰ.①气… Ⅱ.①姜… Ⅲ.①气象学－应用－心理学分析
Ⅳ.①P4②B84

中国版本图书馆 CIP 数据核字（2013）第 291482 号

Qixiang yu Jiankang：Yingyong Qixiang Xinlixue Fenxi

气象与健康：应用气象心理学分析

姜海如 闻新国 编著

出版发行：气象出版社
地　　址：北京市海淀区中关村南大街 46 号　　**邮政编码**：100081
总 编 室：010-68407112　　**发 行 部**：010-68409198
网　　址：http://www.cmp.cma.gov.cn　　**E-mail**：qxcbs@cma.gov.cn
责任编辑：李太宇　　**终　　审**：章澄昌
封面设计：易普锐创意　　**责任技编**：吴庭芳
印　　刷：北京中新伟业印刷有限公司
开　　本：850 mm×1168 mm　1/32　　**印　　张**：6.75
字　　数：180 千字
版　　次：2014 年 1 月第 1 版　　**印　　次**：2014 年 1 月第 1 次印刷
定　　价：25.00 元

序

气象对人的心理会产生哪些影响，一直是备受关注的话题。特别是随着应用心理学的发展，有许多学者和专家提出开展气象应用心理学研究。根据一般学科发展演进规律，现在要建立并形成一门气象心理学可能还为时尚早。然而，气象对人们心理影响的研究已势在必行，而且已取得许多应用性研究成果。因此，归纳气象应用心理学方面的研究成果，进一步分析气象心理现象，探索气象心理活动及其基本规律，是作者开展气象应用心理学分析研究的动因。

人的生理、心理变化与气象变化息息相关，人类或自然或有意识地调节生理心理就是在不断适应气象变化，是人体生理、心理实现与自然气象和谐的过程。探索人与自然气象的关系，在我国有着十分悠久的历史。从一定意义上讲，中医学就是研究人体与精神和自然界、社会环境统一性的知识体系。中医十分强调一年四季、一日四时气象变化，以及风、热、火、湿、燥、寒不同气象物理属性、不同气候季节气象环境对人体生理心理健康的影响，其实践研究经历了漫长的发展过程，逐步形成了比较完整的中医学理论体系。其中气象对人们情绪心理影响的研究甚多。如《黄帝内经·素问·玉机真藏论篇》说，春脉太过会使人记忆力衰退，精神恍惚，头昏眼花，而发生巅顶疾病；夏脉不及会使人心虚作烦，上部出现咳嗽涎沫，下部出现失气下泄；秋脉太过会使人气逆，背部作痛，愠愠然郁闷而不舒畅；冬脉太过会使人精神不振，身体懈怠，脊骨疼痛，气短少语。这说明，中医很早就将春夏秋冬四季对人情绪心理的影响纳入研究范围。

国外对人生理心理与自然气象的关系也早有研究，公元前400多年，古希腊也有疾病和天气关系的记载。如古希腊“医圣”希帕克拉底（Hippocrates，公元前460—公元前370年），治疗疾病比较重视居民所在地的气候、土壤、水以及居民的生活方式等因素，他认为这些内容同疾病的发生有关，并提出人的四种液体分别与热、冷、湿、干相联系。他探讨了不同气候对人体健康的影响，并研究了某些特定风向和疾病流行的关系。法国著名启蒙思想家、哲学家孟德斯鸠（1689—1755），于1748年出版《论法的精神》，其中第十四章专门讨论了“法律和气候的性质的关系”，涉及内容比较广泛，诸如“人怎样因气候的差异而不同”、“气象与宗教、风俗、习惯和法律”、气候差异与民族性格等等。他认为，一个国家的政体、气候、土壤、生活方式、风俗习惯及宗教存在密切联系，所有这些因素的关系的总和就称作“法的精神”，他说“如果精神的气质和内心感情真正因不同的气候而有极端差别的话，法律就应当和这些感情的差别以及这些气质的差别有一定的联系”。在这部巨著中，他就人怎样因气候的差异而不同，对中国、日本、印度和英国等气候与风俗、宗教、习惯关系进行了研究。到了19世纪中叶，出现有关气象和疾病关系的研究专著。到了20世纪30年代，逐步展开气象要素、天气系统和天气气候变化与疾病关系的研究。

气象环境条件是组成人类生活环境的重要因素，气象条件及其变化不仅影响人的生理健康，对人的心理情绪方面影响也非常明显。现代环境心理学研究表明，有利的气象环境条件，可使人情绪高涨、心情舒畅，工作效率提高；不利的气象环境条件，可能使人情绪低落、注意力不集中、烦躁不安、懒散无力，甚至导致行为异常，引发工伤和交通事故等。有研究表明，一些异常天气事件经常会危害人们的心理健康。据有关资料介绍，1982年至1983年的“厄尔尼诺事件”，使得全球大约有10万人患上了抑郁症，精神病的发病率上升了8%，交通事故也至少增加了

5000次。究其原因，是“厄尔尼诺”这种异常气象引起的全球范围气候异常和天气灾难，超出了一部分人的心理承受能力，从而发生坐卧不安、精神迟钝等症状，意志薄弱者还会发出歇斯底里的哭叫声。

现代医疗研究，为认识人的心理变化受气象条件影响提供了科学基础。如医学研究发现，阴雨天气时自然光线较弱，人体分泌的松果激素较多，甲状腺素、肾上腺素的分泌浓度就会相对降低，人体神经细胞就会因此“偷懒”，使人变得无精打采。医学观察发现，人体许多理化指标都存在年际周期变化，这些变化也是人生理心理的综合反映。因此，气象条件对人们心理的影响已引起心理学家、行为科学家、管理研究人员的重视。许多国家已经开始了气象与心理行为的关系研究，并开始发布天气变化可能引起的生理和心理变化。

应用气象心理分析是作者通过多年收集相关文献资料，在潜心观察分析研究基础上整理编写而成，今终于与读者见面，也算了却一番心愿。本书的出版得到气象出版社的大力支持，李太宇先生、彭莹辉女士对本书编写给予悉心指导，王银平、闻新国先生、邓一同学对本书稿给予了修改和审校；本书参阅了大量文献，但由于涉及文献较多，有些并未列出。在此，一并表示衷心感谢！在本书编写过程中，尽管倾注了很大精力，但由于气象心理分析涉及学科多，内容丰富，目前一些研究成果还比较庞杂分散，实感力难从心。书中一些思想、观点，包括一些提法可能有失严谨、准确。限于作者学识和水平，书中难免存在不当和谬误之处，恳请读者和专家批评指正！

作者　姜海如
2013年10月20日

目　录

第1章 绪 论

生命体活动与气象息息相关,人体许多器官和机能是在不断适应气候环境,并与大气进行能量交换而发展完善的,而且人体生理心理变化与调适,也会随着气象条件变化而改变。人体适应气象变化除了生理自然调节外,还会通过影响人的心理反应,让人有意识地通过改变生体的外露状态或改变微气候环境而适应气象变化。人体适应气象变化具有经常性、重复性的特征,这就决定了气象心理也是一种广泛存在的心理现象。

1.1 气象心理研究的由来

气象心理是一种普遍存在的心理现象,为开展气象心理研究提供了广泛的现实基础。在一些应用心理学、应用医学、应用气象学中已有大量研究气象心理的成果,为比较系统地开展气象心理研究提供了理论支持。在我国古代受"天人合一"思想的影响,研究气象对人体生理心理影响有着很深的历史渊源,为开展现代气象心理研究提供了丰富的历史文献和依据。

1.1.1 气象心理释义

(1)何谓气象心理。心理是人脑对客观现实的主观反应。心理现象人皆有之,它是宇宙中最复杂的现象之一,也成为从古至今为人们所关注的重要研究对象。人的心理现象是自然环境、社会环境、生产方式、生活方式和个体因素等各种因素共同作用的结果。分析和研究人们的心理现象,既可进行普通心理学综合研究,也可从社会心理学、环境心理学、色彩心理学等某一个方面展开研究。

气象心理，是指气象环境、气象现象、气象要素、大气成分及其变化对人们引起或形成的内心体验或感受，是人脑对气象客观现实的主观反应，并可能表现出相应的行为反应。概言之，气象心理就是由气象直接和间接因素引起的人的心理反应。

气象应用心理学分析是研究气象与人的心理和行为之间关系的一个应用社会心理学领域。这里所说的气象具有广泛的含义，从科学上理解气象一般是指大气的状态和大气中发生的现象。但从广义理解，气象除包括天气、气候和气候变化等大气的状态和大气中发生的现象外，还可以从气象条件、气象环境、气象资源、气象能源、大气成分、大气化学等的意义上理解气象。因为气象对人体生理心理造成的影响具有广泛性特征。

(2)气象心理是一种普遍的心理现象。人们时时刻刻都生活在具体的气象环境中，其身心时刻都会受到气象因素的影响。如气温发生变化，人们就会感觉到或热或冷，并作出或减或加衣物的行为反应，天气下雨时人们就会选择躲避。气象因素不仅可能直接影响人的生理和心理，还可以通过影响人们的生产、生活环境而对人们的心理产生重大影响。如一般人遇到阳光明媚、空气湿润、和风飘飘，就会觉得心情舒畅，但遭遇十几天连阴雨，就会感到郁闷，心情不悦。当出现极端灾害性天气造成巨大灾害损失时，就可能引起人们心理极度恐慌。

气象因素对个体心理产生的影响非常明显，每一个体因为自身身体和心理的差异，对相同或不同的气象环境和气象条件会产生具有差别性的心理反应，当然也会产生相同的心理反应。如进入高原气象环境，一部分人心理高度紧张，一部分人则无明显反应，这种心理反应一方面由于气象环境变化，大气化学成分变化，特别是含氧量变化而引起；另一方面有的人可能是因为心理压力大而引起，或因为心理压力大而加重。

气象因素不仅会影响个体心理，而且对群体心理也会产生影响，地方气候特征对该地区居民的性格特征、思想意识、风俗习性往往会产生持续性影响，诸如长期居住在气候资源条件较好地区的居民，恋土恋乡情结较深，在一些经常发生暴雨洪涝地区的居民，其年景机遇心理比较明显。气候对于一个地区具有相对的稳定性，在同一气候地区的居民还具有相同的生产和生活习惯，并形成了共同的气象心理倾向，诸如对宅居朝向、门窗大小、家居采光、通风等具有共同的讲究和禁忌，包括人们的出行选择和生活禁忌等。

(3)气象对人们的心理影响。大气是人体生理和心理保持正常运行的最基本物质元，人体通过呼吸系统、皮肤系统、感觉系统时刻保持着与大气环境的能量交换，以保持人体系统平衡。气象对人们心理造成影响主要有以下途径。

1)气象要素的正常变化对心理的影响。人们生活的大气环境在一定的变化范围内具有相对稳定性，但在相对稳定的范围内又在不断发生变化。如气温就有日际变化、月际变化和年季变化，在气温正常变化范围内，人们通过体感或凉、或冷、或温、或热，其心理一般也会自然或不自然地发生变化，为了适应环境气温的变化，人们以增加或减少衣着来保持体温平衡，以使身体机能保持正常运行。由于这种心理现象普遍地存在，反而易于被人们所忽视，只有当人的身体虚弱，对气温变化高度敏感时，人体对气温变化的心理反应才比较明显和突出。人们对风、湿、压、晴、阴、雨等气象变化的心理反应都存在类似现象。

2)气象因素引发疾病造成的心理影响。人体对气象环境和气象条件具有相适应的范围，当超出人体对其适应范围时，就可能引发某种疾病。一类疾病与气象原因直接有关，如中暑、冻伤、气象官能症、焚风病、高山病等；另一类由气象变化间接引起或诱发，如流行性感冒、慢性支气管炎、支气管哮喘、鼻出血、心肌梗死(心绞痛)、关节炎、心脑血管病、皮肤病、肠胃疾病等。气象变化通过影响人的生理系统而对人心理产生影响，以致使一部分人特别担心某一季节或某一天气现象发生，心理负担较重。

3)重大气象灾害与天气致因事故对人们造成心理压力与恐惧。气象灾害具有多发性和不确定性,可能经常干扰人们正常的生产、生活秩序,甚至造成大量人员伤亡,并严重影响社会群体心理。一场严重的自然气象灾害对社会造成的破坏之惨重,给人民带来的痛苦之深切,有时并不亚于一场战争,特别是范围广、强度大、持续时间长的特大气象灾害,往往会对正常的社会秩序造成严重破坏,社会群体心理被灾害所笼罩,甚至社会心理崩溃,从而导致社会群体离散、政令中断、社会失范、秩序混乱,如果政府处置不及时还可能造成局部社会动乱。这种情况在中外历史上都曾有过发生。极端气候事件如大雾、山洪、高温、低温、暴雪、冰冻等灾害将严重影响陆(公路和铁路)、空、海交通安全,造成人员伤亡,也极易加重人们的心理压力。

4)全球气候变暖增加了疾病发生和传播的机会,人类健康受到的危害加重,从而影响社会群体心理。据有关分析,气候变暖对虫媒性疾病的发生和发展产生了很大影响,危害范围会扩大。如气候变暖可导致我国疟疾流行地区态势发生变化;钉螺分布的界限北移,血吸虫病流行区范围扩大,而且钉螺感染季节延长,感染率增高[1];CO_2(二氧化碳)加倍情况下,草原面积的扩大将使鼠疫疫源地面积增加40%左右,受威胁人口也会相应增加;洪涝灾害后,感染性腹泻如霍乱、痢疾、伤寒、副伤寒增加,血吸虫病传媒扩散加快。气象要素变率加大将导致呼吸系统、心脑血管病发生频率增高,危害加重。预计气候变化将增加心血管病、疟疾、登革热和中暑等疾病发生的程度和范围。全球气候变暖事件正在影响全人类的群体心理。

5)大气光学和化学的变化引起人体理化反应不适,因生理不适而影响人的心理。因气候季节的变化,空气中的某些有害物质如真菌孢子、花粉和大颗粒物随温度和湿度的增高而浓度增加,使人群患过敏性疾病如枯草热、过敏性哮喘和其他呼吸系统疾病的发病率增加[2]。增温季节会加快大气中化学污染物之间的光化学反应速度，引起一些城市和地区光化氧化剂增加，从而诱发眼部炎症、急性上呼吸道疾病、慢性支气管炎、肺气肿和支气管哮喘等疾病的发生，也会加重部分人群的心理负担。如果平流层臭氧减少，紫外线辐射强度增大，使白内障、雪盲、皮肤癌等疾病的发病率上升[3]。长期阴雨天气，可能造成部分人群生理光化反应不足而精神不振、心神不宁。

6）气象变化当打破社会系统功能时，也极易造成社会心理紧张和引发社会情绪暴发。特别是现代城市系统对气象变化具有高敏感性，城市交通系统、电力系统、供水系统、供气系统、通信系统是构成现代城市体系的五大神经网络，任何一个系统出问题都可以触发社会群体的心理紧张情绪。这五大系统对气象变化又具有高度敏感性，我国城市发展的速度远远超过了城市发展适应气候环境的速度，城市系统的气象灾害防御能力脆弱性已经凸显。近年来各大城市频繁发生气象灾害事件，不断触动社会群体的情绪，这一情形在较短时间内难以改变，今后还会不同程度重复上演，城市发展受气象条件制约困扰还会越来越突出，社会还将承受更大心理压力。

7）气象条件对犯罪心理的影响。由于气象条件的年际、日际变化，人们的活动方式也会作出相应改变，如在夏季人们衣着较少，一些女性着裙装，体型清晰，容易对人的不良意识产生刺激，从而诱发性犯罪心理。因此在温暖季节，性犯罪案件或性骚扰就明显增加。发生重大自然灾害时，人们的生命财产遭受严重损失时就可能产生物质短缺的恐慌、紧张心理，并诱发盗窃和抢劫行为，如果社会管理短时失序，有些人还会抱着侥幸心理而做出盗窃和抢劫行为。

1.1.2　气象心理研究源流

对气象心理现象的研究，是伴随着医学和心理学研究而产生。因为人的感觉和感知不仅在于人体自身的神经系统，而且还在于外部环境的影响，人的温觉、触觉、光觉、视觉、闷感、燥感等，这些最基本的生理心理现象都与气象条件有关。因此，气象心理研究也就成为早期医学和心理学最关注的内容之一。

（1）我国气象心理研究源流。在我国对气象与人们心理关系的探究源远流长，相继延续，且不断深化。早在3000多年前的甲骨文中就有关于气象与人们心理活动相联系的记载，在发现的殷代甲骨文卜辞中就有风、云、虹、雨、雪、霜、霞、龙卷、雷暴等气象文字记载。这些卜辞大都是人们听天行事的记录，并没有今天科学观测气象现象的意义。中国商代先民对“雨神”非常迷信，从现今保存的甲骨卜辞中发现，在“10万片甲骨中，其中占雨的卜辞有几千条，可见占雨曾经是商王的重要职责之一”[4]，也足见气象对当时人们心理产生的重大影响。早在《周易·乾卦·文言》中曾说：“夫大人者，以天地合其德，与日月合其明，与四时合其序……”[5]。“君子以人合天，而不强天以从人”。这里的“天地”、“日月”、“四时”都是与自然气象有密切联系的概念，这是我国关于人类应当师法自然最早的文字表述，这里有关天象、地象、气象与人的关系描述，也是有关气象心理现象最早描述。据《淮南子》记载：“汤之时，大旱七年，以身祷于桑林之际，而四海之云凑，千里之雨至”[6]，从这里可以看到商代祭天求雨、祭神消灾活动的情况，感知当时人们对气象灾害的无奈心理。

先秦时期政治家管仲（约公元前723年—公元前645年）在《形势解》中说，“春者，阳气始上，故万物生。夏者，阳气毕上，故万物长。秋者，阴气始下，故万物收。冬者，阴气毕下，故万物藏；故春夏生长，秋冬收藏，四时之节也。”“起居时，饮食节，寒暑适，则身利而寿命益。起居不时，饮食不节，寒暑不适，则形体累而寿命损。”管子特别强调，人们应起居有时，与寒暑相应，才有利于人们的身心健康。否则，就会伤害身心，损失寿命。荀子（约公元前313年—公元前238年）在《天论篇》中说，众多星辰相随旋转，太阳月亮交替映照，春夏秋冬轮流降临，阴阳交感，大化万物，风和雨广博地沾施，万物各自得这些的调和而生长，各自得到滋养而成熟。其中他把形具而神生之好、恶、喜、怒、哀、乐的情感，叫作“天情”，把耳朵、眼睛、鼻子、嘴巴、形态，各有它和外物交感（的功用）而不能互相替代，叫做“天官”，还把主宰五官（耳，目，鼻，口，形态）的心灵，叫做“天君”。他认为人如果顺着这些需要就会带来身心幸福，而背反“天情”、混乱“天官”、遮暗“天君”，就会给身体带来祸害。从中不难看出我国先秦时期气象心理研究之端倪。

特别在《黄帝内经》和《吕氏春秋》等文献中，更蕴含着丰富的气象心理探究内容。《黄帝内经·生气通天论》中，就比较充分地讨论了天气与人们心境的相互关系，其中记述有“故阳气者，一日而主外，平旦人气生，日中而阳气隆，日西而阳气已虚，气门乃闭”，其意为人体阳气，白天布于体表，旦生，午旺，晚减，夜闭，它也反应了人的精神状况变化；“苍天之气，清净则志意治”，其意为天气清净，人的阳气也安静，表现为意志平和；“圣人传精神，服天气，而通神明”，其意为圣人专一精神，顺应天气，契合阴阳的变化。《吕氏春秋·尽数》篇中有：“大寒、大热、大燥、大湿、大风、大霖、大雾，七者动精则生害矣。故凡养生，莫若知本，知本则疾无由至矣。”在《仲夏》篇则有：“仲夏之月，是月也，日长至。阴阳争，死生分。君子斋戒；处必掩，身欲静无躁，止声色，无或进，薄滋味，无致和，退嗜欲，定心气，百官静，事无刑，以定晏阴之所成。”显然，这些论述都与季节气象变化对人身心影响有关。

汉代思想家，董仲舒（公元前179年—公元前104年）在《春秋繁露》中，为了证明他的“天人感应”学说，其中对气象与人们心神的关系作了长篇阐说。现在看来，有些论述牵强附会，甚至迷信，但有些论述基本反应了气候变化和人们心境变化的关系。如《春秋繁露·天辨在人》说：“春，爱志也，夏，乐志也，秋，严志也，冬，哀志也，故爱而有严，乐而有哀，四时之则也。喜怒之祸，哀乐之义，不独在人，亦在于天；而春夏之阳，秋冬之阴，不独在天，亦在于人。”这里既说明天气对人们心理情绪的反应，又说明了人们心理状况对天气感受的影响，春喜、夏乐、秋怒、冬哀尽管不完全概括人们的四季心理变化特征，但因四季气候变化而心境有所差别则人人都有体验。

中国古代记录和研究气象与人们心理现象的文献十分丰硕。如汉代《淮南子》精神训篇中有曰："圣人法天顺情，不拘于俗，不诱于人，以天为父，以地为母，阴阳为纲，四时为纪。天静以清，地定以宁，万物失之者死，法之者生"，"夫精神者，所受于天也；而形体者，所禀于地也"；宋代《梦溪笔谈》有曰："医家有五运六气之术，大则候天地之变，寒暑风雨，水旱螟蝗，率皆有法；小则人之众疾，亦随气运盛衰。"

中医对人们四季心理特征变化有许多深刻认识和精辟论述。中医认为，春气在经脉，夏气在孙络，长夏气在肌肉，秋气在皮肤，冬气在骨髓，一年四季的气候变化，有春温血气外张、夏热血气在表、秋凉血气内敛、冬寒血气内藏的规律。这不仅对人体的脏腑、经络、气血、脉象等生理功能都有一定影响，而且对人的情志也会产生相应影响，这与现代医疗气象学理论具有一致性。现代医学研究证明：寒冷可导致垂体抗利尿激素分泌减少，促使甲状腺素分泌增加，肾上腺变质功能活跃，经历一定时间的寒冷后，肝脏氧化能力增强；高温抑制胃腺分泌，抑制胰腺、肠腺活动，使胃肠运动机能减退等等。

(2)西方气象心理研究。西方古代医学也有气候与社会心理分析研究方面的论述。古希腊医生，西方医学奠基人希波克拉底(约公元前 460 年—公元前 377 年)，生活的年代相当于中国的春秋战国时代。他认为，人类正如宇宙中的其他部分一样，也是由土、气、水、火四种元素组成的。这四种元素和人体中黑胆汁、黄胆汁、血液和黏液四种液体相对应。他认为人的疾病是由于受气候季节影响四种体液混合的比例失调而引起的。这四种液体处于平衡时人体健康，失衡时就会生病。他的这一医学理论对后世产生很大影响。希波克拉底已经注意到人种与其所处环境之间的关系，他在《空中·水下·陆上》一书中，把悠闲的亚洲人与欧洲人作比较，认为欧洲人大多表现出十分的活跃、能动，这是因为他们生活在一个恶劣的环境里。他在论季节与年龄中，对季节变化与疾病发生也进行了分析研究和归纳。

法国思想家孟德斯鸠(1689—1755年)在《论法的精神》中，对气候与社会心理的关系讨论了以下观点：1)一般社会精神受到气候的影响。他说："人类受多种事物的支配，就是：气候、宗教、法律、施政的准则、先例、风俗、习惯。结果就在这里形成了一种一般的精神"；"在每一个国家里，这些因素中如果有一种起了强烈的作用，则其他因素的作用便将在同一程度上被削弱。大自然和气候几乎是野蛮人的唯一统治者[7]"。2)气候对民族个性特征造成影响。他认为冷热空气对人体外部纤维末端刺激程度不同，"人们在寒冷气候下，便有较充沛的精力"，"有较强的自信，也就是说，有较大的勇气"，"对自己的安全较有信任"，"较为直爽，较少猜疑、策略与诡计"；"炎热国家的人民，就像老头子一样怯懦"，"气候有时可能极度炎热，使身体完全丧失力量"，例如"印度人天生就没有勇气，甚至出生在印度的欧洲人的儿童也丧失了欧洲气候下所有的勇气[8]"。3)气候不同使得人们对快乐的感受性不同。他认为"在寒冷的国家，人们对快乐的感受性是很低的"，"北方人的心灵对疼痛的感觉就比较迟钝"，"在北方的国家，人们的体格健康魁伟，但是迟笨，他们对一切可以使精神焕发的东西都感到快乐，例如狩猎、旅行、战争和酒"；"在温暖的国家，人们对快乐的感受性就多些"，"人们对快乐的感受性是极端敏锐的"，他们的"体格纤细、脆弱，但是感受性敏锐"，特别是爱情具有高度的敏感性，"人们是为爱情本身而爱爱情"。[9]在《论法的精神》中，孟德斯鸠对气候与社会信任心理、气候与社会婚姻心理、气候与社会政治心理、气候与社会宗教心理等进行了分析。这里且不对上述分析研究的科学性进行评价，但从中完全可以得出这样结论，即气候与社会心理的关系是一个值得研究的专题。

在C.米尔斯的经典著作《气候造就人类》(1942)一书和E.亨廷顿的一系列著作，尤其是最著名的《文明的主要动力》等著作中，第一次提出了气候对诸如宗教、文明兴衰和种族特征等因素的决定作用。这些研究者还论证了气候对个性发展的影响。

1.1.3 气象心理研究的学科

气象心理研究是一门应用心理学研究，一般容易把它归类于环境心理学范畴。气象心理研究涉及的学科领域比较广泛，涉及普通心理学、环境心理学、医学心理学、医疗气象学、生物气象学和气象学等多个学科领域，是一门交叉学科。由于气象心理研究涉及学科多，从而形成了不同学科之间的相互关系。

(1)气象心理研究与普通心理学。普通心理学是研究心理学基本原理和心理现象一般规律的基础性学科，是其他分支心理学科的理论基础。普通心理学的一些基本原理广泛适应于其他心理学科，也适用于气象心理研究。气象心理研究是一门应用心理学的分支，是与环境心理学、医学心理学、生物心理学、医疗气象学和气象学等多学科相交叉的应用心理学研究领域。但是，普通心理学关于感觉与知觉、情感与意志、人格与个别心理特征等一些专题研究，涉及心理发生与气象条件的关系，其中也需要研究气象条件对人们感觉与知觉、情感与意志等心理特征的影响。因为人们的这些心理特征，在不同的气象条件下，其心理反应敏感度、强度会有明显差别，这些心理差别也应在一些普通心理学中所反映。

(2)气象心理研究与环境心理学。环境心理学是研究环境与人的心理和行为之间关系的一个应用社会心理学领域。环境心理学成为社会心理学的一个应用研究领域，其主要观点认为社会环境中的人的行为发生，都会受自然环境和社会环境重要影响。早期的环境心理学，其自然因素（如气候、温度、海拔高度或者土地面积等）对心理的影响就是经典的研究对象，德国的海尔帕赫

(W. Hellpach) 在其 20 世纪前 10 年间所做的开拓性研究中就涉及到了这些内容。

从一定意义上理解,气象心理研究也是环境心理学分支研究领域,它是从气象环境和条件视角,研究气象与人的心理和行为之间关系的应用社会心理学领域。它与环境心理学具有相同或相近的研究技术路线和方法,但气象心理研究侧重于气象环境与心理之间的关系,比环境心理学研究的范围相对要小,但其研究更专业更具体,能更有效地研究分析气象环境对人心理的影响。但是,气象心理研究并不限于气象环境对人心理的影响,它既具有社会科学性质,又具有自然科学性质,因为大气成分、大气化学、大气光源都是人体必需的能量来源,参与人体理化过程,人的身心理调节都时刻受气象变化影响。因此,还需要从其他视角研究人们气象心理现象。

(3)气象心理研究与医学心理学。医学心理学是研究心理活动与病理过程相互影响的心理学分支。医学心理学是把心理学的理论、方法与技术应用到医疗实践中的产物,是医学与心理学结合的边缘学科。宏观医学强调从整体上认识和掌握人类的健康和疾病问题,主张把人看作是自然机体与社会实体相统一的存在物,是物质运动与精神活动相结合的统一体,作为自然机体必然会受到自然因素的影响,这也是现代医学心理学主要观点。环境因素是主要致病因子之一,它包括有机械的(外内损伤)、物理的(高温、低温、光照)、化学的(大气成分、有机的和无机化学物质)、生物的(细菌、病毒、真菌、寄生虫)、社会的(如人际关系、工作、学习、生活引起的矛盾)等致病因子。这些可能影响人们生理和心理健康,其中气象条件作为致病外因包括了前三项内容。因此,一些有经验的临床医生经常会根据当时的一些天气情况,询问病人心理感受,以从天气和生物外因上分析和判断疾病发生的原因,作为病人也会从相应方面进行主诉。中医学更是注重从天气和气候变化分析疾病发生的生理心理反应。

(4)气象心理研究与医疗气象学。中国古代医学，是一种宏观医学观，受“天人合一”的思想影响，对人们心理、生理、病理、药理与天气、气候的关系，形成了比较系统认识和理论。如《内经》中有“阴阳四时者，万物之始终也，逆之则灾害生，从之则苛疾不起，是谓得道”，“治病不本四时，不知日月，不审逆从……故病未已，新病复起”。这说明了人们只有按四时的变化作出相应的调节才能保持健康。又如《素问 · 五常政大论》亦有“地有高下，气有温凉，高者气寒，下者气热。……西北之气散而寒之，东南之气收而温之，所谓同病异治也”。这些论述说明了治病要因地因时而异。这里因时就是指因气候季节的变化、因气温冷热的变化，对人生理心理产生的影响。

医疗气象学是研究大气环境对人类机体的物理、化学和生物条件的影响规律，为预防、治疗疾病和保健服务的一门学科。它是大气科学和医学之间的边缘学科，又称人类生物气象学。医疗气象学的研究范围十分广泛，它包括生理气象学，以研究季节、气候及气象对正常人生理过程的影响，以及健康人在各种不同气象条件下的生理心理适应；病理气象学，以研究气候、天气及气象与人类疾病的关系，包括不同季节气候下的多发病，天气变化对疾病的影响，疾病在不同气候地区的分布等；气象环境与健康，以研究大气电磁场、空气负氧离子、紫外线、红外线、空气污染及生物病原体等对人体健康的影响，以及城市、农村居住环境小气候以及人工气候对人体生理心理健康的影响。显然，医疗气象学所研究范围也会涉及一些气象心理问题的研究，但并不是全部。但它可以为气象心理研究提供更丰富的科学基础和实证。

除此之外，气象心理研究与保健医学也有较为密切的关系。保健医学是研究环境对人群健康的影响，并探讨其发病的规律，从而制定有效的预防对策和措施，以达到保护健康、促进健康的学科，是预防医学的重要分支。无论是保健医学，还是预防医学，都需要研究自然气候、生物、大气化学等因素对人们生理心理健康和疾病产生的影响。当然包括需要分析研究气象心理,如人们在进行运动保健、调气养生时气象环境的优与劣,会直接影响到保健效果。自然气象环境对人们心理保健会产生明显影响。因此,在保健医学中也需要分析人们的气象心理,并在保健实践中给予一些关于气象与健康知识的科学指导。

1.2 气象心理研究的范围与意义

1.2.1 气象心理研究的范围

气象对人生理和心理的影响无处不在、无时不在,研究气象对人生理心理影响的规律,以及研究人生理心理对气象条件、气象环境的反应规律,就构成了气象心理研究的主要内容,主要包括以下方面:

(1)气象与人体生理的关系研究。人的心理状态与生理状态是不能完全分开的,心理和生理会互相影响。生理不健康肯定会影响人的正常心理,其实心理不健康也会给生理状态(人的躯体)造成伤害。因为人的心理如果不正常,一方面通过心理影响生理而危害人们的躯体健康,甚至造成各种疾病;另一方面,人们的心理一旦陷入反常状态,轻者则形成神经官能症或人格障碍,重者则形成各种精神病。人的社会适应能力就会受到破坏而无法进行正常的社会活动。同样气象对人的生理和心理的影响不是一种孤立现象,气象在影响人的生理的同时也会影响到人的心理,或者气象影响到人的生理一定会反应到心理来。因此,研究气象心理必然需要掌握气象与人体生理关系。长期以来,人们通过大量的观察和分析,已经发现人体的许多生理特征,是长期适应气候环境的结果,而且还将受气候条件变化的影响。特别是现代医学出现以后,人们通过实验研究,已经揭示了人体许多理化指标都会随着气象条件变化而变化,从而为研究气象心理现象提供了客观的科学依据。人类学研究表明，人类是在长期适应自然生态环境而不断进化的产物，人类所具备的许多生理特征都与不断适应自然、适应气候环境密切相关。因此，研究气象心理首先需要分析和研究气象与人的生理关系。

（2）气象对生理、心理的影响研究。气象对人的生理和心理产生影响十分复杂，气象环境、气象条件、气象现象、气象要素、大气成分及其变化，以及由此引起的次生现象和衍生现象都可能影响人们的生理心理。这些现象及其变化既可以综合影响人们的生理心理，也可以分项或多项影响人们的生理、心理。诸如气温变化、风力变化既可能综合，也可能单一要素对人们生理、心理造成影响，人的心理也会因气温和风的变化而发生变化，并通过采取相应行为去适应变化。科学分析和研究气象对人们生理、心理的影响是气象心理研究的主要内容。

（3）气象心理现象分析与研究。在日常生产生活中，人们许多自觉或不自觉的心理现象与气象有直接或间接的关系。如人们对自然环境选择的心理过程，大都会把气象条件作为重要的考虑对象，因为风、光、水、气、温、湿等气象要素都会影响人们的心理，并表现在日常的生产活动中。在具体的生产生活活动中，人作为个体都具有希望气象环境舒适、安全，气象光、热、水、气、风等资源利用的便利心理表现，而对不利的气象环境和条件都具有趋避的心理反应，特别对各种气象灾害现象还可能产生恐惧心理。作为群体的人，在同一气候区域，受气候条件的影响，还可能形成相同心理倾向和相近的民俗心理，甚至对同一地区的人群性格、意识力等心理特质造成影响。因此，分析与研究各种气象心理现象就是气象心理研究的重点内容。

（4）气象疾病的发生、预测和预防研究。人的心理发生不是一种孤立现象，当人的身体发生某种疾病时必然会影响到人的心理变化。根据中医病理理论，人体与自然界有着密切关系，自然界通过气象的变化无时无刻不在影响着人体，影响着人的生理和心理，并把人与自然相统一的整体观贯穿于中医生理、病理、诊断、治疗、养生等各个方面。中医学原理表明，气象与人们身体健康状况有非常密切的关系，天气冷暖、干湿之变化，人体会自然地作出适应性反应，当气象变化超过人体自然适应性的幅度时，人们就会有意识进行调整，如加减衣物、或饮水或去湿等。当人体在自然性或有意识性调整仍然不能适应时，人体就会生病，而且在不同季节，受不同气象变化影响，会引发不同的疾病。因此，分析与研究气象疾病的发生、预测和预防是气象心理研究的重要目的之一。

（5）气候变化对人们心理影响研究。最近100多年来，由于工业化进程加快，气候变化逐步成为人们十分关注的问题，特别是在最近30年已经成为国际社会普遍关注的重大问题。气候变化对人们的心理影响在不断加深，产生的社会心理问题也比较突出。研究气候变化的社会心理问题，既可把握气候变化对人们心理造成的影响，也是推进气候变化政策正义的社会心理基础。

1.2.2 气象心理研究的意义

人是自然界的一部分，是自然界长期发展的产物。人的身躯，以及心理都在不断适应自然环境。因此，开展气象心理研究，是适应当今人类发展的需要。人类正面临既依赖气象环境和气象资源，又担忧气候环境恶化和气象资源供给不足的矛盾，深入开展气象心理研究对人类进一步认识气象与人类休戚与共的关系，保护气候环境，合理开发利用气象资源具有重要理论意义和实践意义。

第一，深入研究气象心理，有利于帮助人们认识自己与自然的本质关系。气象心理是一种普遍存在的现象，每个人都有因气象变化而引发生理心理变化的体验，但由于这种体验缺乏系统性归纳和总结，大多数都停留在感性阶段，许多人并没有上升到理性高度。因此，不可能把这种体验上升到认识自己与自然的本质关系上来。深入开展气象心理研究，系统地总结人类气象心理现象，全面分析各种气象原因而引起的群体或个体心理现象，运用中国古代医学提出的一些生理学、病理学原理，并充分利用现代医学和生物学已经取得的实验成果，以揭示人类每一个体与大气和气象的紧密关系，让人们能够清楚地认识大气和气象每时每刻都在影响着每一个人，更清晰地认识到自己是自然的一部分，人体许多生理器官不仅是长期适应气象环境的产物，而且也是生命体不断调节气象变化的功能组织。

第二，深入研究气象心理，有利于帮助人们确立科学的人与自然观。人与自然的关系既是一个远古的话题，又是一个随着时代发展而不断发展的新话题。在反映人与自然关系的观念中，“天”在我国先民心里具有特殊意义和内涵，是人格化了的“天”，长期影响着中国人的心理。如“老天爷”是老百姓的口头禅，还有“天子”、“天王”、“天兵”、“天师”、“天宫”、“天命”、“天神”、“天道”、“天理”、“天怒”、“天年”等等，成为我国特有的一种天文化。被人格化了的“天”则通过天气变化而显示其人神的特征。由此，在不同时期形成了各种不同人与天的思想观念，诸如听天、畏天、敬天、应天、顺天、胜天、谐天等等，这些思想观念影响着不同时期的人们心理。当今提出的人与自然和谐的思想观念，就是对人定胜天思想观念的一种纠正。

通过气象心理研究，从自然与科学视角分析人的生理心理与气象关系，一方面有利于澄清对一些带有迷信色彩的人与天关系的认识，大量的事实和实验完全可以说明，气象变化引起人的生理心理变化是一种自然现象，并非存在天意和神意；另一方面有利于让人们从取得支配自然的胜利中警醒，人的生理心理活动是自然规律支配下的活动，而且这种支配大量存在于人们的无意识之中。人类进入 19、20 世纪，由于科学技术发展，社会生产力得到空前提高，人类征服自然的欲望空前高涨，在人与自然的关系方面，世界从 19 世纪至 20 世纪 60 年代，中国在 20 世纪初至 70 年代，“人定胜天”的社会思想意识一时处于支配地位，社会心理普遍漠视自然，并把自然当作人类征服的对象。人类社会在这种征服中确实取得巨大发展,尝到了一时的甜头。但是,通过气象心理研究,会使人们看到人类正在以牺牲自已的生理心理健康或一部分人生命为代价,人类的生理心理所必须的清洁空气和天然水源被污染,应当享有的自然光照权、远眺权、通风权、宁静权、自然空间活动权等被剥夺,如果任这些与自然对立的冲突继续扩大和加剧,人类的生理心理健康还将付出更大代价,甚至造成人类自身毁灭。

第三,深入研究气象心理,有利于增强人们的生理心理卫生和保健意识。讲究卫生,预防疾病,保持身体健康,这已受到人们的普遍重视。可是,怎样才算讲究卫生?恐怕在看法和做法上,无论专家还是一般人各有差异。当然大家也有共识,可能就是要注意公共卫生,讲究个人卫生,加强体育锻炼,适量摄取营养,不吃腐败变质的食物等等。这些无疑都非常重要,但大气环境、大气和气象直接或间接对人生理心理造成的影响和危害,气候变化可能造成微生物突变对人体的侵袭,这些就不是一般意义上讲卫生的问题。有专家认为,个人的健康与寿命有7%决定于气候影响,而60%决定于自己。人们虽然注重身体锻炼,但在锻炼时吸入的空气是否有利于人的身心健康?许多有意识地促进身心健康的活动,是否符合生命体自然固有的活动规律?有意识的各种活动是否应尊重这些规律,而破坏这些规律将付出怎样的代价?通过气象心理研究,可以帮助人们认识自身生理心理与自然大气运动相关的一些基本规律和特征,并以此指导人们开展有益健康的活动安排,以实现人们生理心理与自然和谐,并增进人们的生理心理健康。

第四,深入研究气象心理,有利于增强人们更加爱护自然气象环境和保护气候自然资源责任感。气象环境和条件对人类来讲,不只是一般的自然环境问题,而是人类赖以生存在和发展的决定性物质条件,人类的许多器官都与其息息相关,人类的心理活动都在与其相动。这种认识在中国已经有几千年历史,“天人合一”就是古代先哲们对人与自然关系认识的高度概括。但是,进入近代由于科学技术发展,人类创造了农业社会无法比拟的社会生产力,人类已经不满足对气象和地理自然资源的一般利用，为满足社会经济发展的需要，人类改造自然为“我”服务的欲望得到空前发展，人类活动不止局限于地球表面，而且能拓展到地球深部及外层空间，特别是人类为满足经济发展需要所进行的滥用自然资源（包括气象资源）和化学排放，足以危害整个大气层的安全，大气臭氧层遭到严重破坏，极端天气事件明显增加，严重危害着人类家园的安全，影响着人类身体和心理健康，人与自然的矛盾十分突出。

通过对气象与人类生命和心理关系的研究，让人们深刻认识到气象对人类生命和心理的意义，使人们能够认识到只有良好的气象环境和条件，才能支撑人类社会持续发展，包括人类生命延续。同时真正认识到人类与大气的关系正如鱼与水关系，鱼不能离开水而生，人不能离开大气而存。人的呼吸器官本身就是适应大气的产物，大气之于生命的意义不仅是人类离不开空气，而且它还是保护地球生物防止受到其他天体物质侵害的保护层。大气、住宅、衣服是构成人类生命和躯体从宏观到微观保护的三重空间。长期以来，人类比较注重住宅和衣服的社会性生产与发展，而把大气层排斥在人类保护的视野之外，甚至成为对立面而使空气不断受到污染，大气化学成分发生改变，以致造成气象灾害频次增加，灾害危害强度加大，空气质量受到污染，极端天气事件增多，气候变化异常，大气层受破坏，正在影响和危害人类身心健康和经济社会可持续发展。人们开始认识到人与自然不和谐的严峻形势。如果人类不及时调整和改变自己的发展模式，以珍惜和保护包括气象在内的自然资源和自然条件，长此下去，地球可能会演变为不再适合人类居住的家园，恶劣的气象环境和条件可能处处都会危及人类的生存安全。

第五，深入研究气象心理，有利于促进相关学科的发展与繁荣。气象心理研究与许多学科存在交叉，涉及气象学、医学、心理学、环境学和社会学等多学科领域，又是一门比较边缘的应用学科研究领域。在许多学科研究中都可能涉及气象心理现象的研究与探讨,并形成了一些重要的研究成果。但从整体上看,还缺乏系统性研究成果,还没有形成比较系统的研究领域。深入开展气象心理研究,一方面可以对前人的研究成果进行比较系统的整理和归纳,以利于站在前人的基础上进一步开阔气象心理研究的视野,拓展新的研究领域;另一方面,对分散在各相关学科领域的气象心理研究成果进行归集,以逐步形成对气象心理研究的系统认识,以利于开辟气象心理研究新途径;再一方面近些年来涉及气象心理研究的各相关学科发展都取得一些新的突破,将这些成果应用于指导气象心理研究,对气象心理研究必将产生新的认识,形成新的研究成果,也是对相关学科建设的丰富和发展。

第 2 章　气象与生理特征

人类是自然界长期进化的产物，人体部分特征是受所在地区自然环境条件，特别是气温、光照、湿度、降水、气压、大气、地理等自然环境长期影响的结果。人体具有很多奥秘，但有许多生理奥秘的形成和所具备的功能与气候环境有关，而且对人的生理心理具有长远性的影响。

2.1　气象与体态

体态是指人体的姿态和外表外形特征。人类的主要体形体态特征不是人类主观的产物，尽管现代可以通过整容整形手术改变人的体态特征。但是，这不可能从根本上改变人类在长期进化选择中适应气候环境而形成的自然体态特征。从某种意义上讲，人种的许多体特差异，也是人类在不断适应不同气候环境中逐步形成的。

2.1.1　气象与肤色

人种，是根据体质上某些能遗传的性状而划分的人群。人种的差别在距今 5 万年前至 1 万年前开始形成[10]。人种的肤色差别表征比较明显，有黑色、白色和黄色三大人种肤色之差别，其中还有一些过渡肤色人种。现代医学研究表明，人种的肤色取决于皮肤内所含黑色素的多少。黑色素是酪氨酸及其化合物代谢的最终产物，它具有吸收太阳辐射、保护皮肤组织的功能。[11]人种的肤色是由受到日照时数和光照强度来决定的，与人类所在地区日照、降雨、湿润等气候条件有关。

黑种人，由于长期生活在低纬度、日照强烈的非洲沙漠地区，那里常年气温偏高，其皮肤含有的黑色素高，易阻拦太阳光的紫外线，有利于保护皮肤。从科学角度解释，由于黑种人皮肤中黑色素过多，所以透过皮肤的紫外线，尤其是波长较短的中波紫外线非常少。白种人，长期生活在寒带、温带的中高纬度地区，常年太阳不能直射，光照强度较弱，气温较低，严寒期又长，多阴雨气候。其皮肤内的黑色素含量较低，皮肤呈浅色，身体较粗壮、高大，以减少热量的散失。黄种人，则介于上述两种人种之间。

人种肤色差别是长期适应气候环境而形成的，不同人种即使现在生活在同一气候区域，其肤色也不可能在短时间内改变，因为人种不同的肤色差别改变十分缓慢。但对同肤色同种族的人群，如果处在不同的气候区域，由于受到太阳光照和空气湿润度不同，同样存在一定的肤色差别，但这种差别可能不明显。在黄种人中，接受太阳光照时多的地区，人们的肤色通常较深；接受太阳光照少、湿度大的地区，人们的皮肤颜色较浅。

当然，人的皮肤颜色除了主要受太阳光照的影响外，还与其他因素有关。合成维生素 D 可以帮助理解关于相同气候环境肤色的差别原因。一般来讲，同一人种在同一气候条件下，女性的肤色要比男性稍浅。目前，对这种现象尽管有多种解释，但比较科学的说法应还是涉及女性生理化学与气候适应的问题，女性尤其在妊娠期和哺乳期，需要比男性更多的钙，这些钙大部分需要从食物中获得。阳光中的紫外线与人的皮肤接触后，能促进维生素 D 增加，而维生素 D 具有促进钙、磷的吸收、利用和贮存的功效。女性的肤色比男性浅有利于更多的中波紫外线穿过皮肤，有利于提高生成维生素 D 的能力，以提高钙的吸收能力，这就不难理解女性肤色一般浅于男性肤色了。

人体对气候环境具有相应的适应功能，同一个人的皮肤，在身体的不同部位由于在大气中暴露的程度不同，其颜色也有明显不同，经常暴露的皮肤颜色较深，没有暴露的部分较浅。在不同季节,同一个人的皮肤也会呈现一定颜色变化。这些就进一步说明人的肤色与光照是相联系的,但人种具有遗传性的肤色差别则是在长期进化中形成的。

2.1.2　气象与头发

头发是区分人种的重要体征之一,也是人体健康的重要表征,头发的健康与否将会影响一个人的自信和尊严,也可以反应一个人身心健康情况。一般来讲,健康的成年人大约有 10 万根头发,头皮大约为 640 cm^2,每平方厘米生长有大约 160 根头发,头皮厚度约为 1.5 mm,头发毛根倾斜着生长在头皮中,每根头发的寿命一般为 3 ~6 年。人类的发色、发形与人种、气候、地理和个体特质有关。

从气候环境上讲,人种的发色区别与人种的肤色、眼色一样,都受到黑色素含量及其变化的影响。因此,发、肤、眼三者的颜色存在高度的相关性。一般来说,浅肤色人种常伴以浅的发色和眼色,深肤色的人种常伴以较深的头发和眼色,如北欧人,皮肤是白色的,头发是金黄色的,眼睛是碧蓝色的;黑色种人,无论肤色、发色或眼色都是黑的,而且黑色程度很高。显然,人种的头发颜色有随着纬度变化增加而变浅的特征,这与人种的肤色差别特征基本相同。

但是,人的头发,不仅颜色多种多样,而且人种不同形状也较大差别。在人类学中,一般把人的头发分为三大类型,即(1)直形发,包括硬直发、平直发、微波发;(2)波形发,包括宽波发、窄波发、卷波发;(3)卷形发,包括稀卷发、松卷发、紧卷发、松螺旋形发和紧螺旋形发。以人种来划分,一般说,黄种人多直形发,白种人多波形发,黑种人则多卷形发。人种的发形差异特征也与长期适应气候环境有关。如在非洲的黑人几乎多为卷形发,每一卷发周围被留有很多空隙,当炽热的阳光向头顶辐射时,这种卷发恰似一顶凉帽。中国人以直发最多,尤其是北方人,极少有波形发;但在中国南方,还可见到少数波形发,并且越向南,波形发越多。对于不同发形的形成,有研究分析认为,在三种发型中,卷发生长长度最短,有利于排热排汗,如果这种解释成立,这正是人类在自然进化中适应气候环境的需要。

人的头发生长与人的生理特征一样,也有四季的变化特征,特别在季节变化分明的气候区域。(1)在春季,一般头发的生长开始加快,此时所需的水分和蛋白质等营养物质增多,但春天的气候又使头发的水分和油脂易于蒸发,造成头发相对容易干燥,影响皮脂分泌,头皮的角质层脱落增加,造成头屑过多。干燥的头发与空气的相互作用,产生静电,静电吸尘易使头发变脏和头皮瘙痒,进而影响头发正常生长。(2)在夏季,人体新陈代谢处于旺盛时期,汗液和皮脂腺的分泌明显增加,头发的生长也会加速。但炎热的夏季,太阳光照射明显增多,紫外线特别强而对头发的生长产生不利影响。如果在阳光下过度曝晒,可使头皮细胞产生不同程度的充血而引发炎症,严重损伤时还可能造成头皮细胞损坏,从而影响头发的营养吸收和生长,并造成脱发增加。(3)在秋季,头发的生长速度自然变慢,汗液和皮脂腺分泌减少,头发变得蓬松干燥。秋天较干燥,人体水分得不到及时补充,导致皮脂腺分泌减少,引起毛发干枯及脱落。所以在秋季,一般人脱发相对增多。(4)在冬季,气候寒冷,人体新陈代谢的速度明显变慢,头发生长也会变慢,皮脂腺分泌处于抑制状态,头发更加干燥无光泽,缺乏弹性,如果受到寒风吹拂,头发的健康生长就会受到不利影响。

2.1.3　气象与体形

人类种族的形态学特征是对自然环境长期适应的结果,不同的自然环境,特别是气候环境会影响着不同的人种形态,不同的形态又决定着人种对环境的适应能力。影响人类体型和身高的因素尽管很多,但气候环境无疑是重要的因素之一。

(1)气象与体型特征。不同种族间的不同形态特征反应在面孔、鼻高、眼眶等方面，其种族体征比较明显。如白色人种的鼻梁较高，由于白种人生活在高寒地带，鼻梁较高，鼻子孔道相对较长，从物理学角度解释，这会使吸入的冷空气通过较长的呼吸通道预热后再进入肺部，就有利于肺部避免直接受寒冷空气袭扰，并保持体内温度平衡。黑色人种的鼻翼宽扁，鼻根低矮或中等，鼻突出度小，鼻孔横径较大，凸唇，口宽度大，嘴唇较厚，在热带温暖湿润的气候环境，鼻子温暖湿润空气的功能不很重要，而最需要散热消暑功能，这种形状特征则有利于呼吸空气交换和热量散发。黄种人的鼻子则大小适中，在三种人种中属于中等，但黄种人的眼褶可能与亚洲中部风沙地带的气候有关。黄种人多为“铲型齿”，即上颌两颗中门齿的两边缘翻卷成棱，中间低凹，像一把铲子。中国绝大多数人是这种门齿，但白种人只有 8.4% 、黑人只有 11.6% 的人有这种门齿，这种齿型特征可能是长期适宜于温带气候食物逐步形成的。

不同人种的体量特征也与气候带适应相关。根据生物学研究，在生物界存在一种普遍现象，哺乳动物体型变化是根据它们所在的自然环境气温决定的。一般来说，分布在高纬度上的同类哺乳动物的个体比处在低纬度上的个体要大。从恒温动物热平衡来讲就不难理解，因为个体表面积以平方来增加，而体积则以立方增加。这就是说，面积和体积的比例随动物体的增大而减少。这样分布在寒冷地区的恒温动物，躯体较大就可以相对地减少体热散失，有利于保持恒温状况；南方同类恒温动物躯体小，则有利于躯体散热，保持体温平衡。同样这也不难解释为什么北方人种较之南方人种身材高大。因为北方人身材体量大，有利于减缓散热而保持体温，南方人身材体量小则有利于散热。由此，不难证明人类种族的体量特征与形态差别，是长期适应地理与气候环境的结果。有关研究表明，气温、湿度和降雨量与体格大小（身高、体重）呈负相关，日照、年最高气温变化与体格大小呈正相关。

（2）气象与人体身高。人体身高发育受许多因素影响，但气候环境也是其中的影响因素之一。唐锡麟等[12]人在 1985 年对中国 28 个省(市、区)的乡村汉族青年身高平均值位次的排列表明,身高综合位次排列在前 7 位的大都是北方省区,依次为新疆、辽宁、天津、吉林、江苏、黑龙江、北京。排列在后 8 位的依次为江西、湖南、云南、广东、湖北、贵州、广西、四川,主要集中在华西南和华中南地区。平均最高与最低,男性相差近 7 cm,女性相差约 6 cm。人类身高水平,有从赤道向温寒带增高的趋势,即身高和平均气温呈负相关,距离赤道越远身高越高。中国有 50 多个少数民族,其身高情况,大多也是北方高,南方矮。从我国南方到北方所见到的各地人群的身高由矮逐渐增高的现象,基本上是随纬度由低变高而增高。平均身高的这种纬度性分布现象不仅存在于中国,在世界各大区域几乎都有存在,这种现象早在远古时代就已经出现。

中国人身高的纬度地带性与我国的气候分区大致相对应。按气候分区,我国东部一般分为三大气候区域,即华南南亚热带区,华中含华东湿润亚热带区,东北和华北湿润、半湿润暖温带和温带地区。我国人口平均身高的纬向分布与气候分布也基本吻合,华西南人口平均身高偏矮、华中和华东人居中、华北和东北人偏高。华南人地处热带和南亚热带低纬地区,天气较热,人体新陈代谢快,发育期较早,有关调查分析表明,广东的男女青少年身体发育青春期较早。华北和东北地处暖温带和温带地区,气候较凉,人的新陈代谢相对较慢,发育期相对较晚。一般说,发育较早的人群,停止发育的时间也相对较早,相对发育期的时间要短些,身材会相对矮。发育较晚的人群,停止发育的时间也相对较晚,相对的发育期会长一些,身高增长期也会延长,所以身材一般会高一些。有调查表明,北京、哈尔滨的男女青年,其身高增长分别大约到 25 岁和 22 岁;广州的男女青年,其身高增长的年龄分别大约为 22 岁和 20 岁,男子很少增长到 25 岁,女子很少增长到 22 岁。

人体身材高低,还与日照时间和强度有关。太阳使万物生长，也使人健康发育。日照少，体内缺乏维生素，就会引起骨骼缺钙，影响青少年发育。小儿严重者患佝偻病，成人患软骨病。我国地域辽阔，气候各异，人的身体差异较大。总体上看，人群的身高呈高纬高于低纬、牧区高于农区、城市高于农村的趋向。北方人和南方人的身高差异，可能还与日照时数有明显的相关性。如北京地区年日照时数为2778.7小时，如果设为对身高发育的影响正常值；武汉年日照时数为2085.3小时，与北京比对身高发育影响则次之；成都年日照时数最少，为1239.3小时，仅为北京的44.6%。显然，日照对身高的相关性影响是客观存在的，但相关性的量值则有待研究。

根据人类学研究，世界上不同人种的身高特征也有气候环境影响的烙印，其中气候环境影响身高的因素则以“气温”最为明显。世界人口的分布特征表明，无论是欧洲还是东亚大陆都存在由南到北随纬度上升而身高均值上升的趋势。

2.2 气象与体征

除人体外形受气候环境影响外，人的生命体征与气象关系更为密切。医学上把人的呼吸、体温、脉搏、血压称为生命的四大体征。不论哪一体征出现异常都表明身体已出现疾病征兆或和已患疾病。人的生命体征是生命体存在的表现，伴随着生命体产生、发育、发展和衰退的全过程，直到生命体死亡。生命体的四大特征总处在不停运转之中，正是这种运转使生命体与大气时刻保持着能量和信息交换，并且受到气象环境变化的影响。

2.2.1 气象与呼吸

呼吸是人体生命的四大体征现象之一，是人体与外界进行气体物质交换，维持生命过程的重要特征。但是，人体呼吸的气体质量数量与气象条件紧密相关。

人的呼吸系统是由肺外呼吸道和肺两大部分组成，包括鼻、咽、喉、气管、主支气管和肺等器官。人的呼吸过程包括三个互相联系的环节：外呼吸，包括肺通气和肺换气；气体在血液中的运输；内呼吸，即组织细胞与血液间的气物质交换。在人体的新陈代谢过程中，需要经常不断地从大气中摄取氧气，并排出二氧化碳。人们经常把“食”列为人的第一需要，其实人体试验研究表明，人的第一需要应为空气，一个人如果断绝呼吸空气 2 ~ 5 分钟，就会窒息死亡。因此，人呼吸空气一刻都不能停止。根据测试，一般成年人每分钟呼吸为 12 ~ 18 次，每次吸入或呼出气量为 0.4 ~ 0.6 L，每分钟通气量为 6 ~ 9 L，一天平均吸入 10800 L[13]，人体血液吸收氧气约 750 mg。人体通过呼吸呼出二氧化碳，吸入新鲜氧气，以保证人体生命的“燃烧”，每人每天的通气量与人的年龄、性别、身材、肺活量、身体健康状况和当时气象条件有关。

大气含氧气量具有随着气象条件变化而变化的特点，当大气压降低或随着海拔增加时，空气中所含氧气会减少，反之则增加。当氧气减少或增加变化比较剧烈时，或缺氧、或富氧人体就会感到不适应。在已经习惯正常大气压环境生活的动物，如果空气中的氧气含量降低，就会出现呼吸频繁，心跳加快。随着气象条件的变化，空气中的氧气含量若减少 20% ~ 40%，许多人就会出现恶心、呕吐、头痛等症状。

人的呼吸状况与空气流动也有较大关系，人在大风天中行走，许多人会感到呼吸困难，甚至出现胸闷、气喘等现象，这种情况应是吸入空气不足而造成的人体供氧不足。因为人体吸气就是利用肺腔里压强小与外界压强大而产生让气体流入肺的力；呼气则是利用肺里压强大于外界压强小产生让气体流出的力。当空气流速大时，如人顺风呼吸，外界压强减小，肺腔吸气难而呼气容易，从而造成呼吸困难。如人逆风呼吸则外界压强增大，吸气时空气容易直灌肺腔，呼气则受到气流阻碍，从而造成呼吸严重不适。

人的呼吸质量和状况还与大气环境条件密切相关。天气条件好，空气清新，人呼吸就感到舒适。天气条件差，空气混浊，人呼吸就会感到不适。空气质量条件与季节也有关系，不同季节城市大气质量以夏季最好，冬季最差，这与夏季多雨水，阳光强烈，气流下沉等有关。研究表明，空气污染对人影响最大的是易患呼吸系统疾病，呼吸不畅，流泪。病人和老人容易诱发各种疾病，如血压不稳，胸闷疼痛等。近些年来，在一些大城市由于空气质量不断下降，已使呼吸道疾病及肺癌等患病者呈增加趋势。

2.2.2 气象与脉搏

心率是用于描述心动周期的专业术语，是指心脏每分钟跳动的次数，也可以解释为“心脏跳动的频率”。正常成年人安静时的心率有明显个体差异，平均在 75 次/分钟左右（60 ~ 100 次/分钟之间），在一般情况下心率与脉搏是一致的。心率可因年龄、性别及其他生理情况而不同。一般情况下，人在安静或睡眠时心率减慢，运动时或情绪激动时心率加快，在某些药物或神经体液因素的影响下，会使心率加快或减慢。经常进行体力劳动和体育锻炼的人，平时心率较慢。

气温变化幅度对人的心率变化会产生明显影响。如气温超过 30℃ 而且湿度较大时，许多人就会感到闷热，甚至感到烦躁，精力难以集中，心跳会明显加快。特别户外体力活动，这种反应更为明显。当然，这种反应也会因人而异，对于身体健康、经常锻炼的人，也许对气温升高反应不太“敏感”，心率变化不甚明显。但对高温特别敏感的人，可能出现多汗、心跳加快（心率上升）等特征。当气温降至 10℃ 以下时，也会对人的心率产生影响。研究表明，温度越低对机体代谢活动的影响越大，在低温环境下易发生心律失常，这与低温影响人的血清总蛋白、白蛋白、血糖、血钙代谢失调有关。因此，在低温环境下应防止出现冻伤和心律失常及猝死等现象。

异常和极端天气现象也会影响有些人的心率变化。因为有些人对异常和极端天气现象心理反应十分敏感，特别是一些曾经在异常和极端天气发生时遭受过重大灾难经历的人，一旦出现异常和极端天气，心理就高度紧张而心率加快。在正常范围内，心跳加快有利于大脑供血，使人的精神对环境处于高度准备状态，以利于人体的自卫应急处置。但是，对有的人而言，由于心跳过快，心理过度紧张，甚至出现脚手抖动，此时的应急处理能力极差，这类人在风雨雪天气极易发生交通事故。

心率还具有一定的昼夜节律，一般人夜间心率会减慢，睡眠时心脏就会休息。到凌晨 5 时、6 时点心率会逐渐加快，人的交感神经开始兴奋，人就会自然而然地从睡眠中苏醒过来。

2.2.3　气象与体温

人的体温相对恒定，是人体保证新陈代谢等生命活动正常进行的必要条件。人的正常体温在 37℃ 左右，正负不超过 0.4℃。正常人的体温变化幅度很小，但这种很小的变化也与气象条件相关。

正常人的体温在一日的 24 小时内呈小幅波动，正常生理状态下，清晨 2—6 时体温最低，午后 1—6 时最高，波动幅值一般不超过 1℃。体温的这种昼夜周期性波动称为昼夜节律或日周期。凭感觉一般会认为，体温白天升高，是由于活动多、代谢率高，产热增加所致。但实验表明并非如此，人整天卧床保持安静或彻夜不眠，体温同样有昼夜节律的周期性变化。一般认为，这种节律的产生是内源性的，受昼夜节律起搏点（也称生物钟）控制。

人的体温会随着环境气温的变化而调节。人体通过辐射、传导和对流散失的热量取决于皮肤和环境之间的温度差，温度差越大，散热量越多，温度差越小，散热量越少。研究表明，当气象环境温度为 20～30℃时，人体代谢相对比较稳定，温度降低时，机体代谢速度加快，进而产热维持体温，维持各种代谢的正常进行。当环境温度升高时，机体散热减慢，机体体温上升，体内酶的活性升高，代谢率开始升高。当气温继续升高时，若机体不能及时散热，体温升高，体内酶的活性就会降低，人体代谢率开始下降，代谢功能可能出现紊乱，以致可能影响生命体正常活动。

人的体温调节还与环境湿度变化有关。当气温和湿度高达到某一极限时，人体的热量难以散发，体温就会升高，以致超过人体的散热和耐热极限，甚至造成中暑、休克或死亡。因此，我国规定高温灾害性天气标准：长江以南最高气温高于 38℃，或者最高气温达 35℃时相对湿度高于 61%；长江以北地区最高气温达 35℃，或者最高气温达 30℃时相对湿度高于 64%。

风也是影响人体温度调节的重要因素。因为人的体温与气象环境温度始终会保持动态平衡状态，而保持环境气温这种动态平衡，风速大小则会影响体表温度与环境温度交换快慢。一般情况下，当环境温度为 21℃时，大部分体热（70%）靠辐射、传导和对流的方式散热，少部分体热（29%）则由蒸发散热；当环境温度升高时，皮肤和环境之间的温度差变小，辐射、传导和对流的散热量减小，而蒸发的散热作用则增强；当环境温度等于或高于皮肤温度时，辐射、传导和对流的散热方式就不起作用，此时蒸发就成为机体唯一的散热方式。但无论哪一种情况，风速的大小都可以直接影响人体的对流散热和蒸发散热速度，对流散热是指通过气体或液体或交换热量的一种方式。人体周围总是绕有一薄层同皮肤接触的空气，人体的热量传给这一层空气，由于空气不断流动（对流），便将体热发散到空间。通过对流所散失热量的多少，受风速影响极大。风速越大，对流散热量也越多，风速越小，对流散热量也越少。

实际气温与人体温感觉之间会存在一定差别。人体与气体之间时刻都在进行着温热的交换，这种交换决定于人体与气体之间温差和空气流动的速度。人的正常体温是 37℃，而人的皮肤温度约为 33℃，有时气温只有 28℃或 30℃时，人就会感觉到热，这是因为人体在新陈代谢过程中会产生很多热量，这些热量要不断地从体内散发出来，大气环境需要吸收这些从人体中被排出热量。当环境气温和体温差距很大时，这些热量散发就会很容易，身体不会产生什么“负担”。但环境气温和体表温度相差不大时，人体就需要“努力”工作，即通过排汗才能把这些热量排出，通过汗液蒸发可以带走多余热量；有的还会出现脸红现象，由此让血液流到皮表，以释放出更多热量。在湿度较高的环境下，高温达到 38℃时，有的就会出现虚脱现象，而在干燥通风的环境中多数则可以耐受 40℃高温。

2.2.4　气象与血压

血压是血液在血管内流动时，作用于血管壁的压力，它是推动血液在血管内流动的动力。人的血压具有日周期变化的特点，由于动态血压监测技术的临床应用，使人们对血压昼夜节律及生理波动规律有了基本认识，即 24 小时血压呈双峰双谷或双峰谷变化，血压白昼升高，夜间下降，这已从正常血压者的测量结果得到证实并普遍存在。

人体血压具有受气候区域分布影响的特征。根据调查，我国高血压患病率，以黄河为界，划分为南方和北方。北方地区患病率较高，南方地区则较低。北方寒冷地区的高血压患病率明显高于南方温热地区。日本的国土呈南北狭长分布，北部地区气候较南部地区寒冷。高血压的患病率也是北高南低。有人调查了航海人员，从寒冷的南北极航行到炎热的赤道，血压逐渐降低。从炎热的赤道返航到寒冷的南北极，血压又逐渐升高。人体血压出现这种现象，可能主要还是人体适应南北气温差别引起的。气温低时，人体血管紧缩，肤肌紧奏，血压上升。

人体血压还呈季节性变化特征。随着气候的冷热变化，人体血压也会发生相应变化。如上海地区，一年四季分明。据观察统计，在“五一”节以后，天气逐渐转暖，血压有逐渐下降趋势。在 7、8 月份的高温季节，气温达 35℃以上，血压明显下降。如果原来血压水平只轻度升高，此时血压可能会降至正常范围。到“十一”国庆节以后，天气逐渐转冷，血压逐渐升高，11 月以后，随着寒流侵袭，气温明显下降，血压上升就更加明显。在 12 月、1 月以及 2 月期间，尤其是 1 月份，是上海地区一年中气温最低的月份，血压水平最高。这个过程要持续一段时间。到“五一”节以后，天气转暖，又开始第二个周期。

人体血压与季节关系密切。根据观察分析发现，一般情况下，人的血压 7 月份明显低于 1 月份，高血压病人的差别更加明显。季节变化引起的血压变化应引起人们的足够重视，以便采取相应降压稳压措施。因为季节冷热引起的血压变化，与血管热胀冷缩有关。人体中的血管如同物体一样，也存在热胀冷缩的现象。天冷时，血管收缩，但血管中的血容量不会变化，因此血压升高。所以高血压病人在冬季时，降压药的用量宜适当增加；夏季时血管扩张，又出汗多，血压自然偏低，降压药剂量也宜相应减少。

人体血压变化还与天气过程变化有关，特别在冬季，一次冷锋天气过程，气温骤然升降，冷空气天气过程前后气温差别较大。一方面人的血管扩张与收缩变率较大，一些心血管、脑血管硬化的老人就很难适应这种变化；另一方面当遇到寒冷刺激时，体内肾上腺分泌增多，血液循环加快以抵御寒冷，然而肾上腺增多会使血管收缩，引起血压明显升高。医学研究表明，每当寒潮过境之时，脑溢血患者会明显增加。

2.3 气象与体觉

通俗讲，体觉是指人脑对通过人体器官或人体本身的一种感觉反应，人的体觉十分复杂。这里只介绍一些与气象有关的体觉。

2.3.1 气象与听觉

人的听觉是否与气象条件有关,回答应当是肯定的。因为传播声波的媒介就是大气,大气的变化自然会对声波传播产生影响,自然也会影响人的听觉。

根据听觉产生的原理,外界声波通过大气介质传到外耳道,再传到鼓膜。鼓膜振动,通过听小骨传到内耳,刺激耳蜗内的纤毛细胞而产生神经冲动。神经冲动沿着听神经传到大脑皮层的听觉中枢,形成听觉。听觉是仅次于视觉的重要感觉通道,它在人的生活中起着重大的作用。人耳能感受的声波频率范围是 16 ~ 20000 Hz,以 1000 ~ 3000 Hz 最为敏感。从生物进化上看,随着听觉器官的产生,声音不仅成为动物攫取食物或逃避灾难的一种信号,也成为它们彼此相互联络的一种工具。

声音是通过空气振动传导的,在不同的气象条件下,相同声音由于空气传播体的变化,人们听到的声音就有差别,并可能通过这种声音的变化来判断天气的变化和环境安全与否。由于空气压力高低的变化,一般会影响声音的强度,在发音体相同的情况下气压高时,空气振动强,人们听到声音大,气压低时,空气振动弱,听到的声音就较弱;空气活动有方向的变化,风可以改变传播方向,一般而言,顺风传播的距离远,逆风传播的距离近,从而影响人的听觉效果;空气有干湿度的变化,声音在干燥和潮湿的空气中传播,听觉效果也会有明显差别。空气传播声音,实际是空气分子的运动现象,正常情况下,空气分子就是自然大气成分,但当空气清浊度发生变化以后,构成空气的分子成分发生了变化,如粉尘的增加,从而影响声音传播速度和振幅改变,人的听觉也可能感觉到这种变化。

大气压的急剧变化对人的听觉也会产生影响,有乘坐飞机经历的人,一般人会有耳道不适的感觉。有的在飞机下降时甚至短时间出现听觉失灵现象,就是耳内压力小与气压增大,一时还不适应造成的，当耳内压力与气压平衡后就自然会好。在乘车上山时，大气压随着高度增加而降低，人的耳内压力降低会滞后，耳道就可能产生出气的振动声音；乘车下山的情况则相反。因此，有人乘车上山或下山的反应都比较明显，出现耳鸣现象，人的听觉能力降低。

2.3.2 气象与视觉

人的视觉是由于光作用于人的视觉器官，使其感受细胞兴奋，其信息经视觉神经系统加工后便产生视觉。通过视觉，人和动物感知外界物体的大小、明暗、颜色、动静，获得对机体生存具有重要意义的各种信息，至少有 80% 以上的外界信息经视觉获得，视觉是人和动物最重要的感觉。

大气中的光现象千变万化，为人的视觉提供了一个色彩万千的世界。光在物理学上是一种电磁波，从 0.39 μm 到 0.77 μm 波长之间的电磁波，才能引起人们的色彩视觉感受，此范围称为可见光谱。波长大于 0.77 μm 称红外线，波长小于 0.39 μm 称紫外线。光是以波动的形式进行直线传播的，具有波长和振幅两个因素。光在传播时有直射、反射、透射、漫射、折射等多种形式。光直射时直接传入人眼，视觉感受到的是光源色。当光源照射物体时，光从物体表面反射出来，人眼感受到的是物体表面色彩。当光照射时，如遇玻璃之类的透明物体，人眼看到是透过物体的穿透色。光在传播过程中，受到物体的干涉时，则产生漫射，对物体的表面色有一定影响。如通过不同物体时产生方向变化，称为折射，反应至人眼的色光与物体色相同。自然光在传播过程中由于会受到天气变化、大气运动、大气质量和大气成分比例的影响。因此，会出现各种色彩进入人的视觉。在长期的生产生活实践中，人们会积累一些因天气变化而引起的光觉体验和经验，根据这些光觉体验和经验，结合当时自然光象变化而预测未来天气变化。

在同一纬度上，人们对自然阳光的视觉，主要取决于太阳高度角、大气运动、大气成分比的变化。在大气运动和大气成分比相对稳定的晴天中，人们从早到晚对自然光的视觉，主要取决太阳高度角的变化，当太阳从东方地平线上升起到傍晚太阳即将西落于地平线以下时，太阳光和地面的夹角为 0° ~ 15°角，景物的垂直面被大面积照亮，并留下长长的投影，太阳在透过厚厚的大气层后，人的视觉感到光线柔、光线强弱变化大，早晨的自然光更多给人轻快的感觉。当大气中水汽比例较高时，由于红光波常常不容易被散射，因此在诗人眼中会产生“日出江花红胜火”的视觉效果。

2.3.3　气象与嗅觉

嗅觉是一种由感官感受的知觉。嗅觉的作用就是让人体感觉到各种不同的气味。嗅觉器官由左右两个鼻腔组成，两个鼻腔借助鼻孔与外界相通，中间有鼻中膈，鼻中膈表面的黏膜与覆盖在整个鼻腔内壁的黏膜相连。鼻腔吸入空气中含有一些能够引起嗅觉的物质，这些物质穿越鼻黏膜到达上皮组织与嗅觉纤毛接触，由此形成嗅觉刺激，引发一系列的酶级联反应，实现传导而使人闻到物质的气味。

人的嗅觉反应与气温高低有关。嗅觉是嗅感受器对外界气味分子接触的反应，外界气味分子在空气中扩散的过程与气象条件紧密相关，大气环境中的温度、湿度、风向、风速和气压等变化都会对气味分子扩散造成影响，以致影响人的嗅觉效果。其中气温变化对人的嗅觉影响最明显，气温高使气味物质的分子运动加速，人所闻到的气味就较浓。温度低则气味物质分子运动减慢，人所能闻到的气味就会较淡。

湿度变化也会影响人嗅觉感受。因为气味物质分子在大气中扩散，空气湿度大，空气中含水分子就较多，这既影响气味分子扩散，也会使气味分子与水汽分子混合而影响扩散。因此，同样的气味分子存在，但在不同湿度条件下，人们的嗅觉反应则不同。空气运动也能影响人的嗅觉反应，气味分子会随着空风的流动而飘逸，在风的下方，气味分子可能飘逸较远，人的嗅觉器官也能闻到，而在风的上方，则没有气味分子飘逸，人的嗅觉就闻不到。

2.3.4　气象与味觉

味觉是指食物在人的口腔内对味觉器官化学感受系统的刺激并产生的一种感觉，是食物直接刺激味蕾产生的。从生理上讲，基本的味觉主要包含咸、甜、苦、酸四种，基本味觉来自于舌部不同区域，即舌尖有大量感觉到甜的味蕾，舌头两侧前半部对咸味敏感，后半部对酸味敏感，近舌根部分对苦味敏感，但实际上舌头上的味蕾可以感觉到各种味道，只是敏感度有所不同。辣不属于味觉而是痛觉，它能直接刺激人的舌头或皮肤的神经。

人的味觉同样会受到气象条件的影响。一般讲，随着温度升高，味觉感会加强，最适宜味觉产生的温度是10～40℃，尤其是30℃最敏感，大于或小于此温度都将相对较迟钝。温度对味觉阈值有比较明显的影响，如蔗糖被味觉感知，在温度25℃时，最低浓度为0.1%，当温度为0℃时则需达到0.4%。

气象条件及其变化可以引起人体的生理化学和生理机能变化，并能引起人们对一部分食物产生偏好，而对另一部分食物产生抵触或厌恶或降低需求，并从味觉中得到反应。在高寒地区或冬季低温条件下，人体散失热量较多，需补充更多食物，一些清淡素食不能满足身体需要，这时特别喜欢吃含脂肪和蛋白质较高的肉类食品，对此类食物的味觉就特别好。在温带或在炎热夏季，由于炎热天气会使人体消化液的生成和分泌减少，胃肠蠕动变弱，人体内对食物消化，特别是对蛋白质和脂肪成分的消化、吸收会受到影响，致使食欲不振，味觉感觉不良，而对一些新鲜爽口、易于消化和比较清淡的食物，味觉则比较好。

人的味觉不仅与饮食习惯有关，也受气候环境影响。如在我国一些湿度较大的云、贵、川、湘、鄂等西南和中南地区，人们特别喜欢吃辣椒，这也是用食物来适应气候的一种生理反应。因为人们吃辣可以避寒去湿,这些地区冬季气温不高,空气非常潮湿,冷湿气候易使人得风湿性关节炎和腰肌痛等症,辣椒属热性,有祛风湿、发汗健脾胃之效。夏季湿度很高,人的皮肤不易通气散热,吃辣椒则可以起到通气发汗、表汗里舒的效果。我国总体上有北咸、南淡、东甜、湖川辣、云贵酸的味觉习惯,这种分布也与地域气候条件有一定关系。

2.3.5 气象与触觉

触觉是指分布于全身皮肤上的神经细胞接受来自外界的温度、湿度、疼痛、压力、振动等方面的感觉。触觉是接触、滑动、压觉等机械刺激的总称。多数动物的触觉器遍布全身,像人的皮肤位于人的体表,依靠表皮的游离神经末梢能感受温度。人的皮肤有六种基本感觉,即触觉、痛觉、冷觉、温觉、压觉及痒觉。其中与气象条件变化联系比较密切的触觉就是人体冷热觉

许多人习惯以气温高低作为推断人体冷热感觉(感觉温度)标准。但人体感觉的温度和实际气温有时相差较大。人们经常说"热在三伏",但根据气象资料分析,多数地区最高气温并不出现在三伏,而是在三伏前后,人们所说的三伏天最热,是因为大气的高温高湿相配置,人体内热能难以散发而产生闷热感。旋转的电风扇不能降低气温,但人们往往会感觉到电风扇吹出的风比较凉爽,是因为风更新了人体皮肤表层热空气和蒸发汗水的缘故。因此,决定人体冷热感觉的主要因素除温度外,还有湿度和风。

空气湿度是表示空气干湿程度的物理量,其中相对湿度是指空气中水蒸汽距离饱和状态的程度。相对湿度越大,空气里的水蒸汽就越接近饱和状态,空气中可供水蒸汽分子填充的"空位"就越少,蒸发也就越慢。湿度对人的冷热感觉影响,是由空气的相对湿度决定的。天气炎热时,人体为了使体温保持在 37℃ 左右,就要不断地向体外散发热量,它主要是通过汗腺向体外分泌汗水,利用汗水蒸发吸收热量,将热量带走。汗液分子从汗液表面逸出成

为水蒸汽分子，如果人处在一个空气相对静止的环境中，这些水蒸汽分子就会滞留在人体皮肤附近，形成一个“保温层”，“保温层”中水蒸汽越来越接近饱和状态（空气相对湿度越来越大），结果汗水蒸发速度越来越慢，使人感到闷热。这时如果有一股风吹来或打开电风扇，“保温层”就会被吹走，人体周围的空气相对湿度将减小，汗水蒸发速度增大，使人产生凉爽感觉。

当气温在 24℃时，空气中的湿度对人体的冷热感觉影响较小，人既不觉得冷，又不感到热。24℃的空气带走人体一部分热量，人体内产生的热量能够弥补空气带走的那部分热量而保持热平衡，从而感觉良好。当气温低于或高于 24℃时，人就会有明显的冷热感觉，此时相对湿度便会对人体的冷热感觉起到很大作用。例如，当气温为 25℃，相对湿度为 30% 时，人体没有冷热感觉；同一温度若相对湿度增大到 95%，人便会感觉到闷热。经实验测定发现，当气温为 17.8℃、相对湿度为 100% 时，人的冷热感觉与气温为 28.6℃、相对湿度为 20% 时大体相同。

人体的冷热感觉除与空气温度和湿度有关外，风速也是很重要的因素。冬天，在刮风天或坐在敞篷车时，人似乎感觉更冷，因为风能把人体周围的空气“保温层”吹散，把热量带走。在一定范围内，风速越大，人体散热越快越多。实验测试表明，认为风速大小和人体冷热感觉的大致对应关系是：当气温为 10℃，风力 3 级时，人体感觉气温为 5℃；5 级时，人体感觉气温为 0℃。当气温为 1.1℃，风力 2 级时，人体感觉气温为 −2.8℃；5 级风时，人体感觉气温为 −15.5℃。根据实验，大致可得出这样的结论：当气温在 0℃以上时，风速每增加 2 级，人体寒冷感觉会下降 3～5℃；气温在 0℃以下时，风速每增加 2 级，人体寒冷感觉会下降 6～8℃。由此可见，在日常生活中，根据天气预报增减衣服时，除注意气温高低外，还要考虑空气湿度和风速大小。这样才能使衣着和寒暑冷暖相宜。风与体感温度效应可用风冷指数反应，以评价风速与空气温度对人体综合影响。

风冷指数计算式为：$I = 4.1868(10.45 + 10v^{1/2} - v)(t_{皮} - t_{空})$，式中 I 为风冷指数，单位为千焦每平方米小时开尔文（$kJ/(m^2 \cdot h \cdot K)$），v 为风速（m/s），$t_{皮}$ 为皮肤温度（K），$t_{空}$ 为空气温度（K），$4.1868(10.45 + 10v^{1/2} - v)$ 为传导系数，I 值越大，体感温度越低，反之则越高[14]。

2.4　气象与生体理化

人体组织不仅是一种物理构成，而且也是一种化学构成。人体中含有许多化学组成元素，对人生理心理健康发挥着至关重要的作用。它们在人体内中的含量与当地的土壤、水、食物和大气中的相对含量相关。现代实验研究表明，进入人体内的各种元素理化过程大多都与气象变化有关。

2.4.1　气象与人体水分

水是人肌体细胞的主要成分，是肌体组织一切活动不可缺少的物质。一般正常成人一天摄入和排出的总水量约 2500 mL，其中通过皮肤蒸发 500 mL，呼吸蒸发 350 mL，肾排出 1500 mL[15]。人体失水 2% 就会感到口渴，失水 5% 时烦躁不安，失水 10% 时出现脱水症状，失水 15% 时会昏迷不醒，失水 20% 将危及生命。

正常人体水代谢排泄途径，一般会随着天气变化而变化。当气温高于 32℃时，气温就对人体表面发生加热作用，人体只能通过出汗散热来维持体温平衡[16]，在这种情况下，人体水分通过皮肤挥发增多，肾排出水量相对减少，总丢失水量会明显增加。因此，气温升高时，人体总进水量会明显增加；当气温较低时，如果裸体在气温低于 27℃以下或着衣气温低于 20℃时，人体会出现热的负平衡[17]，人体通过皮肤蒸发会减少，肾排水会明显增加，这是在秋冬季，人体的尿液排出较多的生理原因。人体水分变化与空气湿度变化密切相关，湿度较大时人体呼吸蒸发水量和皮肤蒸发水分会降低,如果气温配置较高,人体会感觉相当不适,并有闷烦感,一些人身患相关疾病就会加重或旧病复发。

2.4.2　气象与人体理化

人体组织有一个比较稳定的内环境,其主要理化指标水、电解质、血糖、蛋白质、酸碱度、渗透压及温度等都保持了较高的稳定性。但是,人体在整个生命期内,需要自然地与外部环境进行能量、物质和信息交换,当气象发生变化时,人体许多理化指标也会随之变化。根据观察分析,气候四季变化影响与人体理化指标的相关变化,如人体的血磷 2 月份最低,夏秋最高;血钙 2—3 月份最低,8 月份最高;血镁 2 月最低,12 月最高;血碘冬季最低,夏季最高(详见表 2.11)[18]。这些指标的变化,也从一定程度上反应四季气候对人们心理带来的影响。当然,气候四季变化对人们心理变化的影响比较复杂,其影响是相对的,因人们的具体境遇、成就、年龄、健康和生活环境而会有很大差别。

表 2.1　气候对人体理化的影响

项目	变化
血色素	夏季低,冬季高
白细胞	冬季高,12 月最高
血小板	3—4 月高,8 月低
凝血酶元	成人在冬,春低,在气团活动及气压变化时可发生波动
纤维蛋白元	冬季低于夏季,冷空气后可降低
血清蛋白	总蛋白自冬至夏会减少;白蛋白夏天高,冬天低;R 球蛋白冬季高,夏季低
血容量	冷气团、冷风后降低,受热后增加
二氧化碳结合力	12 月最高,6 月最低
血磷	2 月最低,夏秋最高

续表

项目	变化
血钙	2—3月最低,8月最高
血镁	2月最低,12月最高
血碘	冬季最低,夏季最高
毛细管抵抗力	冷风后增强,暖锋后降低
组织穿透力	冷风后减少,暖锋后增加

第3章 古代对气象与心理关系的认识

人的生理心理变化与气象有关,中国古代有很多研究。从一定意义上讲,中国古代哲学、医学就是研究人体与精神和外界自然、社会环境统一性的知识体系。中医学十分强调一年四季、一日四时气象变化,以及风、热、火、湿、燥、寒不同气象物理属性、不同气候季节和气象环境对人体身心健康影响,其研究经历了一个漫长的发展过程,逐步形成了比较完整的中医学理论体系。

3.1 古代对天地人关系的认识

思维心理总会受一定思想观念的影响,甚或受其支配。中国人对天象、地象、气象的思维心理,不仅来源于这些现象在客观上对人们生理心理造成的直接影响,而且受到几千年来所形成的天地人关系认识观的深刻影响。因此,分析中国人气象思维心理,首先需要了解古代对天地人关系的认识。

3.1.1 天人合一的思想

气象对人的神志和情志影响的认识,在中国古代就包括在"天人合一"的思想观念之中。既然认识到"天人合一",那么必然会认为人的神志与情志会受到"天"的广泛影响。因此,要了解中国古代人的气象心理,就需要了解"天人合一"的思想,而且这一文化思想至今还在影响中国人的心理。

"天",在中国先民心目中具有特殊的意义和内涵,可以说是人格化了的"天",如"老天爷"就是老百姓的口头禅,还有"天子"、"天王"、"天兵"、"天师"、"天宫"、"天命"、"天神"、"天道"、

“天理”、“天怒”等等，人们对天的感知除日月星移之外，就是气象万千之变化，被人格化了的“天”则通过天气变化而显示其人神的特征。由此，形成了复杂的天人思想观念。

“天”在中国传统文化中具有十分丰厚的内涵。“天”，是会意字，甲骨文字形下面为正面的人形(大)，上面指示是人头，小篆变成一横。本义是指人的头顶。“天”字的义项十分丰富，据《说文解字注》“天，颠也。……颠者，人之顶也。以为凡高之称”。但在“天人合一”中，“天” 的含义在中国古代不同的思想家看来，形成了不同思想观点，大致可以分为三种：一是意志之天，以董仲舒神秘主义的主宰之天为代表；二是义理之天，以孔子、孟子、朱熹为代表的具有伦理意义的道德化之天；三是自然之天，以老子、庄子为代表，天即自然之本性状态。“天人合一”是中国古代哲学的根本观念之一，几千年来始终影响着中国人的思维心理。

“天人合一”的思想可以溯源至商代的占卜。如《礼记·表记》中说：“殷人尊神，率民以事神。”殷人把有意志的神(“帝”或“天帝”)看成是天地万物的主宰，万事求卜，凡遇征战、田猎、疾病、行止等等，都要求卜于神，以测吉凶祸福。这种天人关系实际上是神人关系，由于殷人心目中神的道德属性并不明显，所以殷人与神之间基本上采取了一种无所作为、盲目屈从于神的形式。

西周继承了商代的思想，天人关系还是一种神人关系，但有了新的发展。西周时期的天命观明显地赋予神(即周人的“天”)以“敬德保民”的道德属性：“天”之好恶与人之好恶一致，“天命”与“人事”息息相通。如《左传·僖公五年》记有：“皇天无亲，惟德是辅。”道德规范是有人格意志的“天”为“保民”而赐予人间的。人服从天命，是一种道德行为，天就会赏赐人。否则，天就会降罚于人。这说明“天人合一”思想在西周的天命观中已有了比较明显的萌芽。周公提出的“以德配天”，更是“天人合一”思想的明确表达。从这里也可以看出，中国传统的“天人合一”思想，从开始起就与道德问题紧密联系。随着时代发展，人们对“天人合一”的思想不断丰富，在春秋、战国至秦汉形成了三种不同思想流派。

(1)天人感应的“天人合一”观。这种思想观点认为，天可以与人发生感应关系，天有意志能主宰人类，特别是主宰王朝命运，天可以赋予人们吉凶祸福。汉代董仲舒就是其中的代表，他认为天有意志、有主宰人间吉凶赏罚的属性，如他在《春秋繁露·为人者天》说：“人之(为)人本于天”，所以人的一切言行都应当遵循“天”意，凡有不合天意而异常者，则“天出灾害以谴告之”(《春秋繁露·必仁且智》)，并认为“天”亦有“喜怒之气，哀乐之心，与人相副。以类合之，天人一也”(《春秋繁露·阳明义》)。所以这种以人为副本之“天”，不过是具有人的意志的自然全体。基于天人相副，董仲舒认为，天与人交相感应，所以人的道德或不道德都会从天那里得到赏或罚。在董仲舒看来，阴、晴、雨、雪、雷等天气现象，都是“天”的感情表征，即所谓“天有阴阳，人亦有阴阳，天地之阴气起，而人之阴气应之而起，人之阴气起，天地之阴气亦宜应之而起，其道一也”(春秋繁露·同类相动)。在今天看来，董仲舒的这些认识没有任何科学依据，但在当时社会则可能具有广泛的社会基础。

(2)天人并生的“天人合一”观。即“天”是一种“自然”，是人们所处的外部宏观世界，外部自然环境，包括天气气候、自然山川地理，甚或包括社会环境、家庭环境。这一思想观，最早的代表是老庄思想。老庄“天人合一”思想所强调的是贬抑人为，如在《庄子·秋水篇》提倡“无以人灭天，无以故灭命”。这就是讲不要用人事去毁灭天然，不要用造作去毁灭性命，谨守这些道理而不违失，这就叫作回复到天真的本性。老子也说：“人法地，地法天，天法道，道法自然。”这里的“自然”就是自然而然、究竟至极的意思，其中“道”是最高原则。“天人合一”表现为与“道”为一，一切都应听任万物之自然，人能顺乎“道”，顺乎自然之常就是“无为”，而“无为”就能做到“无不为”。庄子在老子道论的基础上，更多地讲人的精神境界。《庄子·齐物论》说：“天地与我并生，而万物与我为一”,就是他所明确界定的一种“天人合一”境界。这里的“天”就是指自然,人与天地万物之自然合为一体。

(3)理义人同存的“天人合一”观。即天是一种义理和道德。儒家讲的“天人合一”思想主要是指人与义理之天的合一、人与道德之天的合一。但是,在不同时期儒家“天人合一思想”也有差别,其义项体现在三个方面:

其一,自然之天的思想。荀子就是儒家中这种思想最有影响的代表。他根据历史经验和自己对自然界的观察,提出了自然界的变化是不以人的意志为转移的思想,既主张天人相分,又归宗于天人合一。他[19]认为:1)天象、气象完全是自然现象。如他在《荀子·天论》曰:“天行有常,不为尧存,不为桀亡。应之以治则吉,应之以乱则凶。”其意为“自然界的运行有自身的常规,不会因为尧的圣明而存在,也不会因桀的暴虐而消失。适应自然规律治事则天下吉安,违背其规律,就会遭遇动荡混乱”,这在很大程度上否定了天的意志成分,而赋予天以更多的自然因素。2)人为违背气象和节令规律就会遭遇灾乱。在《荀子·天论》又曰:“本荒而用侈,则天不能使之富”,“倍道而妄行,则天不能使之吉”,“故水旱未至而饥,寒暑未薄而疾,妖怪未至而凶。”,其意为“荒废农业生产并且奢侈浪费,那么天就不能使其富;违背自然法则的妄自行动,那么天就不能使其安乐。因此,水旱灾害没有到来而饥饿就开始发生,严冬酷暑没有迫近就已经患病,各种怪异之事没有到来就已经发生灾祸。”3)下雨天气是阴阳交汇配合的结果。在《荀子·天论》还曰:“四时代御,阴阳大化,风雨博施。”其意为“四时一个接一个运行,阴阳相互配合,风雨普遍降下。”4)最大的灾害是人祸,人祸胜于天灾。他在《荀子·天论》中指出“暗其天君,乱其天官,弃其天养,逆其天政,背其天情,以丧天功,夫是之谓大凶。”其意就是使天君昏暗,使天官混乱,放弃天养,违背天政,背离天情,导致天功的丧失,这就叫作大大的灾祸。5)他评说祈神降雨不过是文饰政事罢了,因此《荀子·天论》曰:“雩而雨,何也?曰:无何也，犹不雩而雨也”；“天旱而雩，卜筮然后决大事，非以为得求也，以文之也”；“故君子以为文，而百姓以为神。”其大意为：求神下了雨，与不求神下雨都是一样的，都没有什么；天旱求雨并非认为可以得到祈求，只是用来文饰政事罢了；君子把它当文饰，百姓把它当作神。在这些方面表达了荀子“天人相分”的思想，在《荀子·天论》中有曰：“故明于天人之分，则可谓至人矣。”

那么如何认识“天人合一”，在荀子看来人和自然虽然相分，但也有联系。荀子认为，人在自然规律面前的正确选择，就是要尊重自然规律而行动，因此他在《天论》中说，“圣人清其天君，正其天官，备其天养，顺其天政，养其天情，以全其天功。如是，则知其所为，知其所不为矣。”他相信人只要这样做了就能实现自己的活动目的，“则天地官而万物役矣。其行曲治，其养曲适，其生不伤，夫是之谓知天”，人们要“知天命而用之”。这些说法无疑表达了一种通过遵循自然规律而达到人所追求目的的思想。

其二，主宰之天的思想。当天具体地表现出一种不可知的神秘力量时，它可以左右人的命运，并含有超强的意志与力量，即成为主宰者，这一观点主要表现在儒家思想的初期。孔子说：“天何言哉？四时行焉，百物生焉。天何言哉？”他认为，上天虽默默不言，可是万物生长，四时流转，不爽分毫，他从中看出上天的爱心是永恒一致的，从而得到极大的鼓励。因此，《易经》中有“天行健，君子以自强不息。”[20]以此作为对世人的劝勉。孔子在论到君子时，他在《季氏》中说：“君子有三畏，畏天命，畏大人，畏圣人之言[21]”。对于敬畏天命，乐天而行的人，孔子则大加赞扬。他在《泰伯》中对尧的称赞说：“大哉，尧之为君也！巍巍乎，唯天为大，唯尧则之。荡荡乎，民无能名焉。巍巍乎其有成功也。焕乎其有文章[22]”。其意为“尧作为国君真伟大啊！崇高啊！只有天最大，唯独尧能效法天。他的恩德广博无边，老百姓不知道怎样去赞美他。他的功业真崇高啊！他的礼仪制度也太美好了。”尧所取得的成功完全在于，敬畏上天，顺服上天，效法上天。虽然孔子的天带有一定的道德意味,但仍然是以一个令人可畏的主宰者的形象出现的。至汉代,董仲舒把这一思想发挥到了极致,形成天人感应的学说。

其三,义理之天的思想。这一思想在先秦孟子那里就已经开始萌芽了,孟子最先把天与人的心性联系起来。孟子的“天”极少有人格神的含义,它有时指人力所无可奈何的命运,但主要是指道德之天。他的“天人合一”思想讲的是人与义理之天的合一。如在《孟子·尽心上》中说,“尽其心者,知其性也;知其性则知天矣。”人性在于人心,故尽心则能知性,而人性乃“天之所与我者”,所以天人是合一的。孟子奠定了儒家“天人合一”思想的核心。以为尽心便能知性,知性就知天了。后来宋明儒家又有新发展,程颢发展成“心即是天”,程颐则说“性即理也”,朱子所谓“天即理也”。这些无疑都是对孟子“尽心知性知天”从不同角度的诠释。

3.1.2　天人同构的思想

天人同构可以说是天人合一观最粗浅、最直接、最能被古代人接受的思想,流传几千年,至今在民间仍有一定的传播和影响。

原始社会末期,生产力极其低下,人类当时与大自然中的山川、鸟兽以及草木为伍。大自然的斗转星移、四季变化,使人类显得渺小无力。加之当时人类的族群非常弱小,基本的生活来源主要靠采集果实、猎取鸟兽来艰难度日。中华先民认为,世间万物都有灵魂,且受神灵护佑。在瞬息变化的大自然面前,先民自然会产生一种敬畏和依赖的感情,还不可能意识到自己是大自然的主宰,只是感到自己是大自然的一部分而已。因此,当时的人们与大自然融为一体、和谐相处是一种必然的选择。这就是“天人合一”思想产生的社会背景和思想基础。

中国古代哲学把人和自然界看作是有机的整体,认为世界上的一切事物都是一气相通、一脉相承。这种思想的形成,人们还是从认识人体现象和自然现象开始的。

首先，人体与天地相近。如《黄帝内经》认为，人的身体结构体现了天地的结构，如《黄帝内经·灵枢·邪客》篇中说："天圆地方，人头圆足方以应之。天有日月，人有两目。地有九州，人有九窍。天有风雨，人有喜怒。天有雷电，人有音声。天有四时，人有四肢。天有五音，人有五藏。天有六律，人有六府。天有冬夏，人有寒热。天有十日，人有手十指。辰有十二，人有足十指、茎、垂以应之；女子不足二节，以抱人形。天有阴阳，人有夫妻。岁有三百六十五日，人有三百六十节。地有高山，人有肩膝。地有深谷，人有腋腘。地有十二经水，人有十二经脉。地有泉脉，人有卫气。地有草蓂，人有毫毛。天有昼夜，人有卧起。天有列星，人有牙齿。地有小山，人有小节。地有山石，人有高骨。地有林木，人有募筋。地有聚邑，人有䐃肉。岁有十二月，人有十二节。地有四时不生草，人有无子。此人与天地相应者也。"这里把人体形态结构与天地万物一一对应起来。人体的结构可以在自然界中找到相对应的东西，人体仿佛是天地的缩影。其目的在于强调人的存在与自然存在的统一性。

至汉代，天人同构的认识也比较普遍，如《淮南子·精神训》认为："头之圆也象天，足之方也象地。天有四时、五行、九解、三百六十六日，人亦有四支、五藏、九窍、三百六十六节。"董仲舒更是明确阐述"人副天数"的思想，他在《春秋繁露·人副天数》中说，"人有三百六十节，偶天之数也；形体骨肉，偶地之厚也。上有耳目聪明，日月之象也；体有空窃理脉，川谷之象也；……天以终岁之数成人之身，故小节三百六十六，副日数也；大节二十分，副月娄也。内有五藏，副五行数也。外有四肢，副四时数也；乍视乍瞑，副昼夜也；乍刚乍柔，副冬夏也。乍哀乍乐，副阴阳也；……于其可数也副数，不可数者副类"。

用现代科学来分析，天人同构思想确实有些牵强附会，它是一种现象之间的类比，类比的事物之间没有必然联系，但在古人看来是有联系的。我们不能用今天的科学认识去苛求古人，也不能完全排除人类在长期的进化中可能为适应环境而受到某些影响。

其二,内腑与天地相似。为了进一步说明天人同构和天人合一,古人不仅从外形对人与天地进行类比,而且对人的内腑和功能与天气地气进行类比。如《黄帝内经·阴阳应象大论》认为:"故清阳为天,浊阴为地;地气上为云,天气下为雨;雨出地气,云出天气。故清阳出上窍,浊阴出下窍;清阳发腠理,浊阴走五藏;清阳实四支,浊阴归六府";"天有四时五行,以生长收藏,以生寒暑燥湿风。人有五藏,化五气,以生喜怒悲忧恐",天气通于肺,地气通于嗌,风气通于肝,雷气通于心,谷气通于脾,雨气通于肾。六经为川,肠胃为海,九窍为水注之气。以天地为之阴阳,阳之汗,以天地之雨名之;阳之气,以天地之疾风名之。暴气象雷,逆气象阳。《淮南子·精神训》也认为:"天有风雨寒暑,人亦有取与喜怒。故胆为云,肺为气,肝为风,肾为雨,脾为雷,以与天地相参也,而心为之主。是故耳目者,日月也;血气者,风雨也。"

其三,情志与天地相似。如董仲舒认为:"天地之常,一阴一阳。阳者天之德也,阴者天之刑也。……天亦有喜怒之气、哀乐之心,与人相副,以类合之,天人一也"。他《春秋繁露·天辨在人》说:"春,爱志也,夏,乐志也,秋,严志也,冬,哀志也,故爱而有严,乐而有哀,四时之则也。喜怒之祸,哀乐之义,不独在人,亦在于天;而春夏之阳,秋冬之阴,不独在天,亦在于人。"这里既说明天气对人们心理情绪的影响,又说明了人们心理状况对天气感受的影响,春喜、夏乐、秋怒、冬哀尽管不完全概括人们的四季心理变化特征,但因四季气候变化而心境有所差别则人人能有所体验。

"天人同构"思想,尽管今天看来似乎有些牵强附会,但在中国古代它远超越了人与天地相似或相近的认识,作为中国古人的一种哲学观和宇宙观,特别对中国建筑学、美学产生有深远影响。天人同构是中国古代人最基本的宇宙意识观念,天与人具有一致性,古代人总是以"人化"的眼光,而不是以科学的眼光来看待自然，习惯于把自然看成和人相类、相近甚或完全相同的东西。这种思想在一些农村保留的风俗中依然存在。

3.1.3　天人同律的思想

古代天人同律是指时空合一，即天是地的扩大，或地是天的缩小。律学本属于声学，由于古代天文学在制定历法过程中需要数学运算，便借用律数来完成这一过程，从而产生了律与历的结合。律历一体思想与古代气论有较紧密联系，它成为《黄帝内经》对"气"的规律性与人体生命节律关系的研究重要思想。

在《史记·律书》记有："王者制事立法，物度规则，亦禀于六律，六律为万事根本焉。"古代以"同类相动"理论，从而把律吕与"气"密切联系起来。汉代有"候气之法"，据《后汉书·律历志》记载，在一个密闭的室内，把端部塞上芦苇衣灰的律管按一定的方位加以布置注意观察就可以看到，每到一定的节气，与该气相应的那支律管中的灰就会逸出，十二律与一年十二个月相对应，当各月所属中气到来时，与之相应的律管内的芦苇衣灰就会飞散，从而就可以将十二律确定下来。这种把律管的长短和天地之气联系起来的实验，人们就把不同音频率的乐音同一年中的不同时令，同该时令的气候、物候联系起来。所谓二十四节气、七十二候不过是天"气"在一个回归年中有二十四种或七十二种表现。

受天人同律思想影响，古代历法特别注意气候变化、人体生理现象和精神状态与时间周期的关系。这种思想在《黄帝内经》得到充分体现，在《黄帝内经》中对一年四季、一年十二月、一日十二时辰与人体血气的变化关系，进行了系统总结和归纳。

(1)四季的血气节律。如《黄帝内经·灵枢·顺气》认为，一年四季，"春生、夏长、秋收、冬藏，是气之常也。人亦应之。"人的生理功能活动随春、夏、秋、冬四季的变更而出现生、长、收、藏的相应变化。自然界的大气变化，随着太阳相位的变化，一年呈现出春、夏、秋、冬四季——春温，夏热，秋凉，冬寒，构成了自然界一切事物春生、夏长、秋收、冬藏的规律。中医认为,人的血气变化也如一年四季的气候变化。在春天,人的气血从内脏向四肢调动;在夏天,气血则被调动到外面而内脏空虚;在秋天,人的气血开始从外面向体内运行;在冬天,人的气血都藏到体内深处而体表外面不足。故强调顺四时之气,是人养生的第一条原则,即顺四时则生,逆四时则亡。人们经常讲,人法自然,人顺四时,其实就是要顺应春生、夏长、秋收、冬藏的规律来养生。

(2)十二月的血气节律。如《黄帝内经·素问·诊要经终论》说,一年十二月的血气运行基本规律为,"正月二月,天气始言,地气始发,人气在肝。三月四月,天气正方,地气定发,人气在脾。五月六月,天气盛,地气高,人气在头。七月八月,阴气始杀,人气在肺。九月十月,阴气始冰,地气始闭,人气在心。十一月十二月,冰复,地气合,人气在肾。"一年十二个月每二个月分别对应人体的肝、脾、头、肺、心、肾六大部位,周年复始,每年人体血气基本遵行相同运行规律。

(3)一日的血气节律。如《黄帝内经·素问·生气通天论》说,一日四时,"阳气者,一日而主外,平旦人气生,日中而阳气隆,日西而阳气已虚,气门乃闭。"这是说明随着自然界阳气一天的消长变化,人体的阳气每天也发生相应的改变,周天复始。天人同律从广泛的时空角度反应了天地人之间的统一。

传统中医总结的人体血气运行周期规律,实际就是现代意义上气候对人体生理心理影响的总结,也是人体生理心理适应气候年、季、日变化的规律总结,其认识归纳至今仍有实践指导意义。

3.2 天人相应的中医学理论

在中国古人看来,自然界的一切,包括人都是由"气"凝聚化合而成的。"气"是构成万事万物的基本材料,它贯穿了中国哲学和中医学的始终,天人同构,天人一体,天人相契,并统一于"气"。

这就是中国古代对于整个宇宙的总看法、总观点，在中医学中充分反应了这些思想。

3.2.1 黄帝内经气运医学思想

从天与人的关系入手，研究人的疾病预防和治疗是中医学重要理论基础之一，其中天人相应医疗理论源远流长。《黄帝内经》是中国医学由经验医学上升为理论医学的经典，其主要思想就是从“天人相应”入手，从“天”的外因和人身体内因，对立统一地研究人体系统。如《黄帝内经》反复强调“人与天地相应，与四时相副，人参天地”（《灵枢 · 刺节真邪》），“人与天地相参也”（《灵枢 · 岁露》、《灵枢 · 经水》），“与天地如一”（《素问 · 脉要精微论》）。中医认为，作为独立于人的精神意识之外的“天”，与作为具有精神意识主体的“人”有着统一的本原、属性、结构和规律，气象与人的生理和精神都有紧密的联系。

“天人相应”，是《黄帝内经》基本医学思想之一，并贯穿于《黄帝内经》全书之中，用于解释人体的生理、病理、精神，对养生和疾病预防、诊断、治疗等诸方面指导，成为中医理论的思想基础和基本特征，从而建立形成了完整的中医学理论体系，并不断概括吸收医学领域里的新理论、新成果，指导中医学的发展，赋予中医学以无限的生命力。在反应人体适应气象环境方面，《黄帝内经》有以下突出特征。

第一，人生于天地之间，是由自然界运动变化产生的。《黄帝内经》指出，人生活在“气交”之中，和大地的万物一样，都是天地形气阴阳物质，即自然界有规律变化的结果。如在《素问 · 阴阳应象大论》说：“天有精，地有形，天有八纪，地有五里，故能为万物之父母。”《素问 · 宝命全形论》也说：“天复地载，万物悉备，莫过于人。人以天地之气生，四时之法成”；“夫人生于地，悬命于天，天地合气，命之曰人”。在《素问 · 生气通天论》说：“天地之间，六合之内，其气九州九窍、五脏、十二节，皆通乎天气。”由此明确表达了人是天地自然界发展变化的产物思想，也揭示了人的形态结构、生理功能是长期适应自然界环境的深刻内涵。

人生于天地合一，《黄帝内经》用朴素的唯物思想解释了“天”之内涵。“天”有广义的“天”和狭义的“天”之分，狭义的“天”是相对地球而言，指地球上空的日月星辰、大气层、空气；广义的“天”相对人类社会而言，指整个自然界，包括日月星辰、大气层、空气和地球上除人类社会的一切物质运动形式。《黄帝内经》无论从狭义或广义，对“天”解释都体现了唯物思想。具体讲，就是“气” 这种物质构成广义之“天”，“气”是构成宇宙的元初物质，气又分为阴阳二气，阴阳二气的运动、变化，就产生了天地，阳气轻清上升为天，阴气重浊下降为地。如在《阴阳大象篇》中说，“阳化气，阴成形……故清阳为天，浊阴为地”，又说“故天有精，地有形，天有八纪，地有五里，故能为万物之父母”即天地形成后，又按一定规律运动，天气下降，地气上升，天地相交，就产生了四时气候的变化，产生木、火、土、金、水，产生了万事万物。显然，《黄帝内经》认为的“天”是一种由物质构成的天，使中医学从其开端就避免了神学医学和巫术医学的干扰，这就为中医学发展奠定了坚实科学基础，这也可能是中医学源远流长的根本原因。

《黄帝内经》从自然观出发，坚持以自然本身认识自然、解释自然，对天、地、人以及人与天地万物之间的关系进行了大量的观察和研究，认识到天地万物的物质性，人类生命的来源不是天命神意，是自然界物质运动变化发展的产物。如《素问 · 宝命全形论》云:“天覆地载，万物悉备，莫贵于人。人以天地之元气生，四时之德成……天地合气，命元日人”。这说明人是由存在于天地之间的原始物质“气”所化生而来，是按照四时变化的规律成长起来的，是天地间阴阳二气的结合体。

为说明人与自然天地相适应，人生于天地自然的观点，《黄帝内经》还大量应用天文、地理、气象、生态等自然现象，采取现象类比、阴阳五行、综合分析等方法，阐述了天地形成过程，以及天地与人类生存与发展的关系。如《素问·宝命气形论》中说："人以天地之气生，四时之法成。……人能应四时者，天地为之父母。……天有阴阳，人有十二节；天有寒暑，人有虚实。能经天地阴阳之化者，不失四时；知十二节之理者，圣智不能欺也。……人生有形，不离阴阳，天地合气，别为九野，分为四时，月有大小，日有短长，万物并至，不可胜量"。

第二，人存于天地之间，是自然界提供了基本生存条件。《黄帝内经》认为，人的生命活动来源于构成人体的原始物质"精气"和饮食而化生，以及由此而产生的气、血、津、液，并依赖于这些基本物质，才有可能产生人的精神活动。如《灵枢·经脉》"人始生，先成精，精成而脑髓生，骨为干，脉为营，筋为刚，肉为墙，皮肤坚而毛发长，入胃，脉道以通，血气乃行。"显然，《黄帝内经》认为，人的生命源于先天之精，男女两精相合形成胚胎，逐渐发育而形成五脏六腑、筋、骨、脉、皮毛、肌肉，成为新的生命。人体出生之后，又必须依赖后天水谷精微物质的充养，才能化生气血，产生气血的运行，维持人体的生命活动。

"气"是人存于天地之间的基本条件。如《黄帝内经·生气通天论篇》中说，"天地之间，六合之内，其气九州、九窍、五藏、十二节，皆通乎天气。"又说"苍天之气清净，则志意治，顺之则阳气固，虽有贼邪，弗能害也，此因时之序。"由此可见，"气"作为人生存和生活基本条件的极端重要性。

自然界为人的生存提供了丰富的物产。如《黄帝内经·藏气法时论篇》中说："五谷为养，五果为助，五畜为益，五菜为充，气味合而服之，以补精益气。"即粳米、小豆、麦、大豆、黄黍等五谷是保证人体营养的，是养育人体之主食；枣、李、杏、栗、桃等五果是人体的辅助营养，有助于人体养身；牛、犬、羊、猪、鸡等五畜对人体有补益作用，能增补五谷主食营养之不足；葵、韭、薤、藿、葱等五种蔬菜是重要的补充营养。如果根据它们的气味和营养效果调剂食用，就可以补益精气。

用现代营养学观点进行解释,更显《黄帝内经·藏气法时论篇》有关营养学论述的科学价值。"五谷"就是我国先民主要的营养食物,也形成了饮食习惯,是人体以碳水化合物作为热能的主要来源;"五果"等水果中含维生素、纤维素、糖类和有机酸等物质,还能帮助消化,是平衡饮食不可缺少的辅助食品;"五畜"所含蛋白质高,对人体具有补养作用,但一个"益"字表明其不能作为人体营养的主要成分;"五菜"等蔬菜,含有多种微量元素、维生素、纤维素等营养物质,有增食欲、帮助消化、补充营养、防止便秘、降低血脂和血糖、防肠癌等作用,是保证人体健康必需的营养。这些食物的生产都与地理气候条件有关,食物的功效实际上也为中医药理提供了物质基础。

第三,人活动于天地之间,其生理心理与自然界运行有相同规律。人体运行与自然具有相同或相近规律是《黄帝内经》重要思想之一。《黄帝内经》认为,人体与自然界不仅共同受阴阳五行法则的制约,而且人与自然界存在多种相互通应的关系。如《素问·阴阳应象大论篇》中说:"故清阳为天,浊阴为地;地气上为云,天气下为雨";"故清阳出上窍,浊阴出下窍;清阳发腠理,浊阴走五脏;清阳实四支,浊阴归六腹。"其大意是说,大自然的清阳之气上升成为天,浊阴之气下降成地,地之阴气上升化为云,天上阳气下降化为雨。人体也这样的,清阳之气出于上窍,浊阴之气出于下窍;清阳之气向外散发于腠理,浊阴之气内走于五脏;清阳之气充实于四肢,浊阴之气归行为六腑。

人体生命活动皆通于天气。如《素问·生气通天论篇》说:"夫自古通天者生之本,本于阴阳。天地之间,六合之内,其气九州、九窍、五藏、十二节,皆通乎天气。其生五,其气三,数犯此者,则邪气伤人,此寿命之本也。"其大意是说,自古以来,人的生命就与天气息息相通,阴阳是人的生命之根本。在天地之间,在天地及东南西北六合之内,地上的九洲之气,人的九窍、五脏、十二肢节之气,都与天气息息相通。由阴阳化生五行,阴阳变化表现为阳盛阴衰、阳衰阴盛、阴阳平和三种状态，如果违反了阴阳变化规律，邪气就会伤害人体，所以说阴阳是人寿命的根本。又说“ 阳气者若天与日，失其所，则折寿而不彰，故天运当以日光明。是故阳因而上，卫外者也。”其大意是说，人体的阳气，就像天上的太阳。如果太阳不能正常运行，万物就会失去依所而不能生长，人体阳气不能正常运行，生命就会夭折。天体运行是因为太阳的光明，人体健康则需要阳气长期布于体表，以保护人体不受邪气侵扰。

又如《素问·生气通天论篇》说：“故阳气者，一旦而主外。平旦人气生，日中而阳气隆，日夕而阳气已虚，气门乃闭。”其大意说，人体以一日之中的晨、昼、夕、夜分别为阳气生发、盛隆、虚减、收闭的变化，这说明人体阳气无时无刻不在适应自然环境的变化。一旦人体的适应能力低下，不能适应自然环境的变化时，就会发生疾病。

第四，人与自然息息相通，人体机能运行普遍会受到自然界的影响。《黄帝内经》论述人与自然的关系不仅十分深刻，又而也很系统，总结形成许多规律性的认识。如一年四季的变化对人体影响，在《素问·生气通天论篇》说：“因于露风，乃生寒热。是以春伤于风，邪气留连，乃为洞泄；夏伤于暑，秋为痃虐；秋伤湿，上逆而咳，发为痿厥；冬伤于寒，春必病温。四时之气，更伤五脏。”其大意是说，由于露寒风邪侵犯，就会发生寒热。春天被风邪所伤而滞留不去，到了夏天，就会发生无度的泻泄。夏天被暑邪所伤，到秋天就会发生疟疾病。秋天被湿邪所伤，肺气上逆，就会发生咳嗽，并且可能发展为痿厥。冬天被寒气所伤，到来年的春天，就要发生温病。以上四时不同的邪气，都会随着季节的变化交替而重复伤害人的五脏。这说明古人早就认识到，四时气候变化不只使人致病，而且由于四时气候变化各有不同的特点，对人体的影响也各不相同。因此，就形成不同季节的多发病或流行病。

《黄帝内经》已认识到寒暑对人体生理的影响。如在《灵枢·五癃津液别篇》中说：“天暑衣厚则腠理开，故汗出……天寒则腠理闭，气湿不行，水下流于膀胱，则为溺与气”。其大意是，天气暑热，人穿衣厚了，人体皮腠会张开，流出汗水；天气寒冷，人的皮腠就会闭塞，湿气不能通过皮肤毛孔排泄，就会变为水液下流至膀胱而为尿排出。这说明人的机体具有可以适应自然界寒热变化而自调节的功能。又如《素问 · 八正神明论篇》中说：“天温日明，则人血淖液而卫气浮，故血易泻，气易行；天寒日阴，则人血凝泣而卫气沉。”其大意是，当气候温和，日光明媚时，人的血液流动润滑，卫气浮于外，因此血易外泻，气就容易通行；当天气寒冷，天气阴沉时，人的血液流动会凝滞，卫气会沉于里。这说明人体随春夏秋冬气候的交替变化而出现相应的变化。

《黄帝内经》对地理气候对人体的影响也有深刻认识。如《素问 · 异法方宜论篇》说，东方之域易患痈疡，西方之域其病生于内，北方之域内脏受寒易生胀满病，南方之域易生挛痹病，中央之域易生痿厥寒热病。这说明古人已经认识到不同地理气候环境对人体生理及疾病发生的影响。

3.2.2　阴阳辩证医学理论

中医学认为，气是构成人体和维持人体生命活动的物质基础。人体之气按阴阳特性可分为阴阳两类，把对人体具有外表的、向上的、亢盛的、增强的、轻清的、功能性推动作用的气称之为阳气，如《太阴阳明论篇》说：“阳者，天气也，主外”，又如《素问 · 生气通天论篇》说：“阳气者，若天与日，失其所，则折寿而不彰”，“阳气者，精则养神，柔则养筋”。把对人体具有内里的、向下的、抑制的、重浊的、形质性的等作用的气称为阴气，如《太阴阳明论篇》说：“阴者，地气也，主内”。故《黄帝内经 · 阴阳应象大论篇》说“阳化气，阴成形（阳主万物的气化，阴主万物的形体）”之说。这里阳和阴则指物质的动与静、气化与凝聚、分化与合成等相对运动，进而说明物质和能量的相互依存、相互转化的作用。气的阴阳对立统一运动是生命运动的根本规律。

中医以阴阳学说为核心的辩证思维方法，贯穿于中医学整个理论体系之中，成为中医学辨证论治的根本理论基础，在漫长的历史发展过程中始终保持了它在理论上的完整性和统一性。《黄帝内经》充分反应映了阴阳辩证医学思想。如《素问·阴阳应象大论篇》说："阴阳者，天地之道也，万物之纲纪，变化之父母，生杀之本始，神明之府也，治病必求于本。"其意是说明，阴阳是自然界事物运动变化的基本规律和普遍法则，是认识万事万物的纲领，也是事物初生、发展、衰退和消亡变化的根本。人体生病是万事万物运动变化的现象之一，也应遵循阴阳对立统一的法则，所以医生在对人体诊治疾病时，也应以寻求阴阳变化作为治病的根本。

《黄帝内经》对阴阳属性、作用及关系的认识，经常借助于对自然现象包括气象的观察而加以推论。通过对天地气象的演化及静躁、寒热等自然现象的描述，借以说明阴阳的基本内容，即阴阳的属性特征及其对立、互根、转化的关系。如《素问·阴阳离合论篇》说："天为阳，地为阴，日为阳，月为阴，大小月三百六十日成一岁，人亦应之……天覆地载，万物方生，未出地者，命曰阴处，名曰阴中之阴，则出地者，命曰阴中之阳。阳予之正，阴为之主。故生因春，长因夏，收因秋，藏因冬，失常则天地回塞。阴阳之变，其在人者，亦数之可数"。其大意为，天属于阳，地属于阴，日属于阳，月属于阴，大月和小月合起来是三百六十天而成为一年，人也与此是相应的。……天地之间，万物初生，未长出地面的时候，则处在阴处，可称为阴中之阴；若已长出地面的，就叫作阴中之阳。有阳气，万物才能生长，有阴气，万物才能成形。所以因于春气的温暖而万物发生，因于夏气的炎热而万物盛长，因于秋气的清凉而万物收实，因于冬气的寒冷而万物藏闭。如果四时阴阳失序，气候无常，其生长收藏秩序变化就会失去正常。这种阴阳变化的道理，对人来讲，也具有同样的规律，也可以通过推测而知。

《黄帝内经》认为，自然界的四时阴阳消长变化，与人体五脏功能系统具有通应性，从而构成了人与自然的统一整体观。如

《素问·金匮真言论篇》说,“五藏应四时,各有收受”,又《素问·至真要大论篇》说:“阳之动,始于温成于暑;阴之动,始于清盛于寒。”表明从春温至夏暑,是阳气盛长运动所致;从秋凉至冬寒,是阴气盛长运动所致。一年中阴阳气消所形成的季节气候变化,促使了生物的生、长、化、收、藏的发展。春温主生,夏热主长,长夏湿热主化,秋凉主收,冬寒主藏,故《素问·四气调神论篇》说:“失四时阴阳者,万物无根本也。”如果生物违背了四时阴阳,不能与四时阴阳消长取得协调统一,就会“逆之则灾害生,从之则疾不起”。这又从反面说明了生物违背了四时阴阳之气的消长规律,所产生的危害性。因此,人与自然必须是相应的。

《黄帝内经》认为,无论外感病或内伤病,其病理变化的基本规律不外乎阴阳的偏盛或偏衰。因此,在《疟论篇》说:“阴阳上下交争,虚实更作,阴阳相移也”,即由于阴阳上下相争,虚实交替而作,阴阳虚实相互移易转化的关系。具体包括一是阴阳偏盛,即阴盛、阳盛,是属于阴阳任何一方高于正常水平的病变。“阳盛则热”属于阳长阴消,“阴盛则寒”属于阴长阳消。其中,以“长”为主,“消”居其次。二是阴阳偏衰,即阴虚、阳虚,属于阴阳任何一方低于正常水平的病变。“阳虚则寒”属于阳消而阴相对长,“阴虚则热”属于阴消而阳相对长。其中,以消为主,因消而长,长居其次。三是阴阳互损,根据阴阳互根的原理,机体的阴阳任何一方虚损到一定程度,必然导致另一方的不足。四是阴阳转化,在疾病发展过程中,阴阳偏盛偏衰的病理变化可以在一定条件下各自向相反方向转化。

3.2.3 “六气”中医学理论

中医学从一定意义上讲,也是研究人体和精神与外界自然和社会环境统一性的知识体系,中医学十分强调一年四季、一日四时气候变化和风、热、火、湿、燥、寒不同气象要素对人体的健康影响,并经历了一个漫长的发展过程,逐步形成了完整的理论体系。

古代认为，天地人本源于一气，“天人合一”最重要的体现是合于一“气”。《素问·六微旨大论》提出了“气交”概念，即“言天者求之本，言地者求之位，言人者求之气交。曰：何谓气交？曰：上下之位，气交之中，人之居也”。求之本，求之位，求之气交皆指求气之本。古人认为，天地人三者是一气分布到不同领域的结果，因而是可以认知和掌握的。“天枢之上，天气主之；天枢之下，地气主之；气交之分，人气从之，万物由之（同上）”，即人与万物，生于天地气交之中，人气从之则生长壮老已，万物从之则生长化收藏。人虽有自身特殊的运动方式，但其基本形式则与天地万物是相同相通的。

《黄帝内经》以阴阳哲学思想为指导，以“五运（木、火、土、金、水等五行之气的运行）”为“地气”，以“六气”（风、热、火、湿、燥、寒）为“天气”，系统阐述了“五运六气”对人体疾病的关系及其影响，形成了包括生理病理、预防诊断、临床治疗有机结合的系统的古代气象医学医疗理论。

第一，以气断诊，充分体现了“天人合一”的中医学理念。气是一种客观存在，在科学尚不发达的古代，人们不仅认识到它的存在，而且已经认识到它对人类生存和发展的影响，并总结出许多在今天看来依然非常了不起的气学原理。“气”学原理在古代许多学科中得到非常广泛的应用，从气学意义上理解，中医学主要是一门创造人体气学理论而又广泛应用于医疗实践的综合性学科。

“气”在中医学中也是一个内涵与外延比较难以确定的概念，但作为致病的外部原因，外“气”主要是指气象，包括有天气、气候、节令、时令、大气物理属性、气象变量与矢量等。天地合气而万物，是中医的重要思想，如《黄帝内经·四气调神大论》说：“夫四时阴阳者，万物之根本也。”《黄帝内经·生气通天论篇》说：“夫自古通天者生之本，本于阴阳。天地之间，六合之内，其气九州、九窍、五藏、十二节，皆通乎天气。”其意为自古以来，人的生命活动就与天气息息相通，阴阳是人生命的根本，在天地之间，六合之内，地之九州、人之九窍五脏十二肢节，都与天气密切相关。

《黄帝内经》根据病理诊断需要，把对影响人体的气象，采用不同标准和从不同角度进行了分类，如以空间和时间分类有“天地合气，别为九野，分为四时，月有小大，日有短长，万物并至，不可胜量”；以大气的物理属性分类为主有风气、热气、火气、湿气、燥气、寒气；以对立统一关系分类有阴阳之气、天地之气、内外之气等。对各类气又进行种属划分，这样使得“气”贯通于天地自然，作用于人体周身。

中医学原理告诉人们，气象与人们身心健康状况有着非常密切的关系，天气冷暖、干湿之变化，人体会自然地作出适应性反应，当气象变化超过人体自然适应性的幅度时，人们就会有意识进行调整，如加减衣物、或饮水或去湿等。当人体在自然性或有意识性调整仍然不能适应时，人体就会生病，而且在不同季节、不同气象条件下，会引发不同的疾病。

第二，以六气划分，揭示气象变化与人体健康之关系。人体的许多器官都是适应环境的产物，人体从不停止地与大气环境进行物质的或能量的交换，是人体维持生命的最基本的功能。古人在长期的观察实践中，总结了气象与疾病的关系。秦国人医和已将“阴、阳、风、雨、晦、明”六种天气的反常作为起病的重要外部原因，并以此对病人进行诊断和治疗。《左传·昭公元年(公元前541)》记载：“六气”曰：“阴、阳、风、雨、晦、明也，分为四时，序为五节，过则为甾”，阴过则生寒病，阳过则生热病，风堵塞度则生麻痹症，雨过则肠胃病，晦过则生心乱病，明过则疲病[23]。

《黄帝内经》六气“风、热、火、湿、燥、寒”，如果以热为阳、寒为阴、湿为雨、燥火为明，则与医和“六气”比较相近。但两者对气象的反应有较大区别，医和“六气”描述的是大气物理现象，而黄帝内经“六气”反应的是大气物理属性。《黄帝内经·阴阳应象大论篇》对“六气”之病具体描述为：“风胜则动，热胜则肿，燥胜则干，寒胜则浮，湿胜则濡泻”，其意为“风邪太盛，形体会出现震颤拘挛；热邪太盛，肌肉会发生红肿；燥邪太盛，津液就会干枯；寒邪太盛，肌肤会出现浮肿；湿邪太盛，就会出现大便濡泻"，加上"火邪"也称为"六邪"，即风邪、寒邪、热邪、湿邪、燥邪、火邪。中国古代医学以"六气"、"五行"与"阴阳"之气、天地之气、内外之气相互结合，形成了庞大的古代医理体系。

第三，以气之变化，阐说中医诊断随变之医理。人体病理现象十分复杂，即使在医学已经高度发达的今天，仍然有许多医学难题困惑着人类。古代中医学为了从一定程度解释异病异治和同病异治之医理，非常注重"大气"与"人气"的运动变化。掌握"气"之变化在中医学中是一门最高深的医理学问和医疗经验之精华。中医学认为，影响人体健康的有气象四时之变、气象地理之变、气象昼夜之变、冷热干湿之变等等，如《黄帝内经·阴阳应象大论篇》说："天有四时五行，以生长收藏，以生寒暑燥湿风"，"故天有精，地有形，天有八纪，地有五里，故能为万物之父母"，这些阐述的都是气象的千变万化。因此，中医在治疗方面，也特别强调因气候变化而制宜，提出临床治疗需根据季节、气候的不同，选用药物，故有"用热远热、用寒远寒"之说，就是说在夏季气候炎热的时候，要慎用温热药物；冬季气候寒冷的时候，慎用寒凉药物。

中医认为，一年四季气象都在变化，诊病和治病应当掌握其变化。我国所处的地理位置，季节分明，自古就有春、夏、秋、冬四季之称。一年中的四时更迭，使植物有生、长、收、藏的周期性变化，对人的生命节律的影响也非常明显。如《素问·四时刺逆从论篇》说："春气在经脉。夏气在孙络，长夏气在肌肉，秋气在皮肤，冬气在骨髓中……邪气者，常随四时之气血而入客也，至其变化不可为度，然必从其经气，辟除其邪，除其邪则乱气不生"；又如《灵枢·终始》说："春气在毛，夏气在皮肤，秋气在分肉，冬气在筋骨。"因此，在治疗用药时，必须因时制宜、因地制宜。

由于天体的运转，气候的变化，昼夜的更替，地域的特点，对人体的生理功能，病理变化均产生一定的影响。《黄帝内经》认为，人在自然界中,是一个适应周围环境的有机整体,外界气候的温热寒冷和朝夕光热的强弱,对人体十二经脉有着不同程度的影响,因此,治疗用针,必须观察,日月星辰、四时八节之时序,来施行针刺治疗。如《素问·八正神明论篇》说:“先知日之寒温,月之虚盛,以候气之浮沉;而调之于身”。《素问·四时刺逆从论》专门论述了针灸“逆四时而生乱气”的危害,指出“刺不知四时之筋病之所生。以从为逆,正气内乱,与精相薄”。

3.3　古代对气象与情志的认识

3.3.1　古代对情志的分类

所谓“情志”,在古代是指七情(喜、怒、忧、思、悲、恐、惊)和五志(喜、怒、忧、思、恐)的合称。五志似乎包含在七情之中,但七情和五志的内涵则有明显区别,七情是表现于“外”的“情绪”,五志则是隐藏于“内”的“志意”。

古代对情绪的分类,有七情论、六情论和情二端论之划分。七情论几种大同小异的变式,一种是《黄帝内经》的划分,即有喜、怒、忧、思、悲、恐、惊;一种是《荀子·正名》的划分,即有喜、怒、哀、乐、爱、恶、欲;再一种是《礼记·礼运》的划分,即有喜、怒、哀、惧、爱、恶、欲。第一种划分中的“思”、后二种划分中的“欲”,都不应当属于情。因此,六种情感划分论可能更符合实际。

但古代已经有六情划分,如《左传·昭公二十五年》就有“民有好恶、喜怒、哀乐,生于六气”的记载。汉代《白虎通·性情》中说“喜、怒、哀、乐、爱、恶谓六情”。在六情论的基础上,中国古代心理学思想把情概括为不外两种,即好(爱)和恶(憎),称为情感的两大端。如《礼记·礼运》中说:“饮食男女,人之大欲存焉;死亡贫苦,人之大恶存焉。故欲恶者,心之大端也”。《左传》也有“喜生于好,怒生于恶”的说法。又如《韩非子·八经》说:“凡治天下,必因人情。人情者有好恶,故赏罚可用”。董仲舒在《春秋繁露·保位权》中也说:“民无所好,君无以权也。民无所恶,君无以畏也。”这些都是说明人有好恶两种最基本的情。情二端论说明了人的情感虽有种种不同形式,但都不外乎是好(或“爱”)和恶这两端或两极的变化。这应当是一种较合理的见解,也是中国古代心理学思想中关于情感的一种独特见解。

3.3.2 古代对情志病的认识

人们在认识周围事物或与他人接触的过程中,一般对周围的人、事、物总会表现出某种相应的情感,如高兴、悲伤、忧愁、恐惧等。这些情感表现在正常范围内,对人的生理和心理健康不会有影响,也不会引发疾病。因此,《黄帝内经》里说:“有喜有怒,有忧有丧,有泽有燥,此象之常也。”其意思也可以是说,一个人有时喜悦,有时发怒、有时忧愁、有时悲伤,是一种正常的现象。

中医情志病,病名首见于明代张介宾《类经》,系指发病与情志刺激有关,具有情志异常表现的病症。中医认为,人的任何一种情志现象太过,都会伤害人的生理和心理。因此,《黄帝内经》中就有突然大怒,会损伤阴气;突然大喜,会损伤阳气;怒能伤肝,喜能伤心,忧能伤肺,恐能伤肾等说法。《类经》直接引用了《素问·举痛论篇》中说:“余知百病生于气也,怒则气上,喜则气缓,悲则气消,恐则气下,寒则气收,炅则气泄,惊则气乱,劳则气耗,思则气结,九气不同,何病之生?”然后以回答方式,对九气致病机理进行了分析。其大意为,我听说许多疾病都是生于气的影响,如过怒则气往上逆,大喜则气缓散,悲哀则气消散,恐惧则气往下沉,过寒则气往内收,过热则气往外泄,过惊则气运混乱,过劳则气耗损,思虑则气郁结,这九样气的变化,各不相同,各又导致什么病呢?因此,可以认为我国古代对情致病机理和治疗早有认识和研究。

3.3.3 情志四季调养的论述

中医认为,人的情志变化与四季气候变化紧密相关,而且有许多研究和论述。如《素问·玉机真藏论篇》说,春脉太过会使人记忆力衰退,精神恍惚,头昏而两目视物眩转,而发生巅顶疾病;夏脉不及会使人心虚作烦,上部出现咳嗽涎沫,下部出现失气下泄;秋脉太过会使人气逆,背部作痛,愠愠然郁闷而不舒畅;冬脉太过会使人精神不振,身体懈怠,脊骨疼痛,气短而不想说话。这说明,中医对春夏秋冬四时的脉象变化就可以判断人的情绪变化,也说明古代对天气变化影响人的情志已有深刻认识。

汉代董仲舒在《春秋繁露》中,为了说明他的“天人感应”思想,其中对气象与人们心神关系也进行了大篇幅的阐述。现在看来,有些论述牵强附会,甚至迷信,但有些论述基本反应了气候变化和人们心境变化的关系。如在《春秋繁露·天辨在人》中说:“春,爱志也,夏,乐志也,秋,严志也,冬,哀志也,故爱而有严,乐而有哀,四时之则也。喜怒之祸,哀乐之义,不独在人,亦在于天;而春夏之阳,秋冬之阴,不独在天,亦在于人。”这里既说明天气对人们心理情绪的影响,又说明了人们心理状况对天气感受的影响,春喜、夏乐、秋怒、冬哀的说法,尽管不能完全概括人的四季心理变化特征,但因四季气候变化而心境有所差别则人人都有所体验。

春天,受气候回暖的影响,容易使人感到困乏。如《黄帝内经·八正神明论篇》认为:“天温日明,则人血淖液(流行润滑),而卫气浮(卫气外浮于表)”,“天寒日阴,则人血凝泣(凝涩不行),而卫气沉(卫气沉伏于里)”。这里讲的是由于天温、天寒血液循环存在差别,正是这种差别对人的情绪会产生明显影响。现代有研究认为,在冬天人的机体为了保持体温,减少散热,全身皮肤自然会处于紧张收缩状态,人的血液主供内脏器官和脑部,但进入春天,气温上升,人体皮肤不再为保暖而过度收缩,这时血管呈扩张状态,皮肤血液循环加快,流向大脑的血液相对减少,到春天人的脑部供血代谢增强，大脑供血减少而需量增加，有的人精神就可能出现困乏现象，明显表现出精神不振。人们从较冷的室外环境进入较温暖的会议室，有些人很容易打盹轻睡也是这种原因所致。

夏天，受高温高湿天气影响，人的情绪容易变得急躁。如《黄帝内经 · 生气通天论篇》说："因于暑，汗，烦则喘喝（多汗，烦躁，喝喝有声），静则多言（心神不安，低声唠叨），体若燔炭（炽热的炭），汗出而散（暑散）。[24]" 其意是说，在炎热的夏天，暑热外逼，多汗，烦躁，甚至呼吸加快，喘喝有声，心神不安，低声唠叨，人体灼热如同炽炭，一旦出汗之后，暑热就会消散。这里明确地讨论了体内产热和体表散热不平衡而造成的生理心理变化，当人体产热积在体内时，人的情绪表现得急躁不安，只有出汗散热，人们的心理才会平静下来。

根据现代医学解释，环境温度升高到 30℃左右，便可引起发汗，如果气温继续升高，人体出汗还会多，体内钠元素会大量丢失，如不及时补水就可能引发电解质紊乱，影响人体散热平衡，从而使大脑活动受到影响，产生情绪和行为异常。在夏季气温高，湿度大，在高温高湿的环境中，人体辐射、传导和对流散热机制如果不能维持正常体温，就会造成人的体内温度升高，而引起神经系统产生机能障碍，出现头晕、头痛、烦躁不安，行为失常，如武汉人就有"天热火气大"的说法。避免和克服夏燥心理，一般应当做好降温保健工作，合理安排作息，降低热浪侵袭，搞好室内的通风降温，同时需要保持良好心态，心静神和，降低暑热的感受性，并注意及时补充水分和盐分。

秋天，天气开始转凉，一些地区阴冷天气增多，容易使人产生悲感。如杜甫名著"万里悲秋常作客，百年多病独登台"，就生动描述了悲秋多病之感伤。又如《黄帝内经 · 脉解篇 》说："秋气始至，微霜始下，而方杀万物，阴阳内夺，故目（目巟）（目巟）无所见也"；"所谓恐如人将捕之者，秋气万物未有毕去，阴气少，阳气入，阴阳相薄，故恐也[25]"。其意是说，秋气开始来到，万物开始肃杀，在人体内开始出现阴阳争夺，所以眼花缭乱看不见；所谓一天惊恐会有人来逮捕自己，是由于七月时，万物所含秋气还没有完全消去，但人体内阴气少，阳气又趁机而入，阴阳二气在体内相激荡，所以会出现惊恐。

冬季，天气寒冷，日照短少，有的人情绪容易处于低落，甚至感到疲惫、迟钝、工作效率下降，坐立不安，情绪波动。究其原因，由于冬天气候寒冷，白昼短，光照不足，又因寒冷人们习惯常关门闭户，使室内二氧化碳等污染气体大量积聚，空气中的负氧离子数目大大降低，这些都是诱发冬季产生心理忧郁的重要因素。如《黄帝内经·水热穴论篇》中说："冬者水始治，肾方闭，阳气衰少，阴气坚盛，巨阳伏沉，阳脉乃去，故取井以下阴逆，取荥以实阳气。"其意是说，冬天是水气起作用的气候节令，人体肾气开始闭藏，阳气已经衰少，阴气更加坚盛，太阳之气浮沉于下，阳脉也相随之沉伏。

中医较全面地分析了四季气候变化对生理心理产生的影响。如《素问·四季调神大论篇》认为，人如果违逆了春天的生气，少阳之气就不能生发，就会使肝气内郁而发生病变；如果违逆了夏天的长气，太阳之所就不能盛长，就会使心气空虚而悸动；如果违逆了秋天的收气，太阴就不能收敛，就会使肺热叶焦而出现喘满；如果违逆了冬天的藏气，少阴之气就不能潜藏，就会使肾气不蓄而出现注泻阴冷等疾病。因此，认为四季的阴阳变化，是万物生命遵循生长收藏的根本，所以在春夏季节人体要保养阳气以适应生长的需要，在秋冬季节保养阴气以适应收藏的需要，顺应了阴阳消长生命发展的基本规律，就能与万物一起生长四时循环。如果违逆了这个规律，就会摧残生命之根本，损害自己的身体。所以说，阴阳四时是万物的终结，是盛衰存亡的根本，违逆了它，就会产生灾害，顺从了它，就不会发生疾病。这就是养生之道。

又如《黄帝内经·四时刺逆从论篇》说："春气在经脉，夏气在孙络，长夏气在肌肉，秋气在皮肤，冬气在骨髓中"，"春者，天气始开，地气始泄，冻解冰释，水行经通，故人气在脉。夏者，经满气溢，入孙络受血，皮肤充实。长夏者，经络皆盛，内溢肌中。秋者，天气始收，腠理闭塞，皮肤引急。冬者盖藏，血气在中，内着骨髓，通于五藏”。它揭示了人体生理适应季节变化的现象，分析了人体适应季节变化的机理，从机理上说明了春夏气温升高使气血畅通易行，秋冬天气寒冷时腠理闭塞，皮肤急缩而易使气血滞凝的原因。这种解释与现代医学也基本符合。

中医认为，一日之情绪变化也会随一日气象变化而变化，基本遵循旦生，午旺，晚减，夜闭四时之规律。如《黄帝内经 · 生气通天论》指出："故阳气者，一日而主外，平旦人气生，日中而阳气隆，日西而阳气已虚，气门乃闭，是故暮而收拒，无扰筋骨，无见雾露，反此三时，形乃困薄。[26]"其意是说，人的阳气，白天布于体表；清晨的时候，阳气开始生发活跃；中午的时候，人的阳气也最为旺盛；太阳偏西时，人的体表阳气逐渐减少，皮肤毛孔开始闭合。所以到了晚间，阳气内收，这时就要休息而不宜扰动筋骨，也不能接近雾露。人如果违反了一天阳气的活动规律，形体就会被邪气侵扰而生困乏或使身体衰弱。

中医认为，人的疾病变化也呈一日四时之变。如《类经》说："朝时太阳在寅卯，自下而上，在人应之，阳气正升，故病气衰而旦慧；日中太阳在巳午，自东而中，在人应之，阳气正盛，故能胜邪而昼安；夕时太阳在申酉，由中而昃，在人应之，阳气始衰，故邪气渐盛而暮加重；夜半太阳在戌亥，自上而降，在人应之，阳气伏藏，邪气正盛，故夜则甚。"

3.3.4　根据气候变化调节情志

古代认为，形神是生命的基本要素。因此，养生必须形神兼养，以协调心身关系为宗旨。养形，是指摄养人体的内脏、肢体、五官九窍及精气血津液等，主要方法为调饮食、节劳逸、慎起居、适寒温等。养神，是指调摄人的精神情志活动，主要方法为御精神、收魂魄、和喜怒、调情志等。中医认为，一年四季中，人都应当根据节令气候进行精神修养。如《素问·四季调神大论篇》说："春三月，此谓发陈，天地俱生，万物以荣，夜卧早起，广步于庭，披发缓行，以使志生。逆之则伤肝，夏为寒变，奉长者少。"即是说在春季的三个月，是推陈出新，生命萌发的时节。天地自然生气勃发，草木欣欣向荣。为适应此季的气候环境，人们应当晚睡早起，早起后披散头发，解开衣带，使形体舒缓，在庭院中宽步行走，使精神愉快，胸怀开畅。人如果违背了春阳升发之气，就会损伤肝脏，到了夏天由于阳气升发不足就会发生寒性病变。

"夏三月，此谓蕃秀，天地气交，万物华实，夜卧早起，无厌于日，使志无怒，使华英成秀，使气得泄，若所爱在外，此夏气之应，养长之道也。逆之则伤心，秋为痎疟，奉收者少，冬至重病"。即是说，夏季的三个月，是自然界万物繁茂秀美的时节，天地之气上下交流，植物长势旺盛，开花结果。为适应此季的气候环境，人们应晚睡早起，不要厌恶长日，应保持情志愉快，切勿发怒，要使精神像英华适应夏气一样秀美，使气运通泄宣畅，精神上对外界事物保持浓厚兴趣。这是适应夏季气候、保护长养之气的方法。如果违背了夏阳旺盛之气，就会损伤心脏，由于阳气未能充分发泄，到秋天容易发生疟疾，冬天还会发生其他疾病。

"秋三月，此谓容平，天气以急，地气以明，早卧早起，与鸡俱兴，使志安宁，以缓秋刑，收敛神气，使秋气平，无外其志，使肺气清，此秋气之应，养收之道也。逆之则伤肺，冬为飧泄，奉藏者少"。即是说，秋季的三个月，自然界景象因万物成熟而平定收敛，天高风急，地气清肃。为适应此季气候环境，人们应当早睡早起，和鸡的活动相同，使人的神志保持安宁，以减缓秋天肃杀之气对人体的影响；收敛自己的神气，以适应秋气得到平和，不要使神志外驰，使肺气保持平和。这就是适应秋令时节而保养人体收敛之气的方法。若违背了秋收之气，就会伤及肺脏，到了冬天就会发生腹泻，能提供给冬天收藏的气力就降低了。

"冬三月，此谓闭藏，水冰地坼，无扰乎阳，早卧晚起，必待日光，使志若伏若匿，若有私意，若已有得，去寒就温，无泄皮肤，使气亟夺，此冬气之应，养藏之道也。逆之则伤肾，春为痿厥，奉生者少。"即是说，冬天的三个月，是生机潜伏，万物封闭归藏的时节，水寒成冰，地冻开裂。为适应此季的气候环境，人们应当早睡晚起，直到日光照临时起床才好，不要轻易地扰动阳气，妄事操劳，要使神志深藏于内，安静自若，好像有个人的隐秘，严守而不外泄，又像得到的渴望得到的东西，把他密藏起来一样；要避开寒冷侵扰，趋就温暖的地方，不要使皮肤开泄而令阳气不断地损失。这是适应冬季的气候而保养人体闭藏机能的方法。人如果违背了冬季阳气潜藏的规律，就会损伤肾脏，由于闭藏不足，到了春天就会发生四肢无力之类的疾病，供给春天生发的能力就降低了。

因此，《黄帝内经·生气通天论篇》说："苍天之气清净，则志意治，顺之则阳气固，虽有贼邪，弗能害也，此因时之序。故圣人传精神，服天气，而通神明。"其意是说，苍天之气清净，人的阳气也安静，人的志意就会相应地调畅平和；顺应天气阴阳变化，人的阳气就会固密，虽有贼风邪气，也不能造成伤害。这是适应四时气象阴阳变化的结果。所以圣人能够专心致志，顺应天气，通达阴阳变化。《黄帝内经》还指出"春夏养阳，秋冬养阴"，"虚邪贼风，避之有时"，"顺四时而适寒暑"等等，旨在维护人与自然的阴阳协调。

第 4 章 气象对生理心理的影响

气象不仅是自然环境的重要组成部分,更是构成人类社会生活情境的有机组成部分,人体每时每刻都在与自然大气交换能量,人们的生理心理变化都会受气候条件和气候环境的影响。有利的气象条件,可使人们情绪高涨、心情舒畅、工作效率提高;不利的气象条件,则会使人情绪低落、心胸憋闷、懒惰无力,甚至会导致精神病态和行为异常。

4.1 气象要素对生理心理的影响

气象条件是由气温、湿度、气压、光照、风向风速、大气成分等要素构成的复合环境。气象条件变化实际上是气象要素配置发生变化,每一气象要素变化都会对人的生理心理产生不同影响。

4.1.1 气温对生理心理的影响

气温是指大气分子运动的平均动能,用以表示大气冷热程度的物理量。气温是影响人体最明显的大气环境要素,对人体生理心理影响主要表现在以下方面:

(1)气温对人体能量代谢的影响。医学研究表明,人体在安静状态下,当气温为 20 ~ 30℃时,人体能量代谢最为稳定,人的精神状态比较平和。当气温低于 20℃时,代谢率开始增加,低于 10℃时会显著增加。气温高于 30℃时,人体代谢率也会明显增加[27]。气温低下时,人体会受寒冷刺激而引起肌肉紧张性增强;气温偏高时,会引起人体化学反应速率增加,发汗、呼吸和循环功能增强。

(2)气温对人体热量平衡的影响。人的机体产热与散热以保持体热平衡是人体生理的基本功能。人体散热方式主要有辐射、传导、对流和皮肤水分蒸发、呼吸道水分蒸发、大小便排放等方式。当气温发生变化时,人体散热方式会随之发生变化。在寒冷气象条件下,人体散热量明显增加,为保持体温平衡,人体骨骼肌会发生不随意的节律性收缩或震颤以产生热量,当寒冷继续加强到一定临界水平时,还会引起人体肌肉寒战,以进一步增加热量。人体产生的热量随着循环血液被带到体表,通过皮肤散发至周围环境。在气温为 18 ~30℃时,经皮肤散发的热量占 84.5%,经呼吸散发的热量占 14%。[28] 当气温低于 18℃,或高于 30℃时,人体散热途径会发生明显变化。

(3)气温对人体生化变量的影响。新陈代谢是人体基本生理机能,但人体代谢会明显受到气温的影响。在气温偏高时(30℃),人体通过皮肤散热,出汗明显增多,人体大量的钠、钾、氯、氮等随着汗液的排泄而增加代谢,由此会影响人体生理发生系列性变化与调整,特别是 NaCl 丢失量比较大,应注意及时补充,否则会引起电解质紊乱。

(4)人体温觉变化。人体温觉是指人体皮肤受到刺激而产生的冷觉或热觉,人体温觉的感受性因身体部位不同而异,一般说面部对冷热的感受性最高,下肢最差。对正常人而言,刺激物温度在生理零度 33℃左右时,一般不能引起皮肤产生冷热觉,只有在低于或高于此温度时,才会产生冷觉或热觉。尽管人的机体具有较好的体温调节功能,但人体对高气温和低气温环境调节是有限度的。如果长期处在高气温环境中工作而缺乏相应降温措施,人体热量不能及时从体内散出,就可能造成人体散热平衡失调,会降低心智机敏度和判断力,严重时会出现热痉挛,脱水和中暑等急性病症。高气温和低气温都可能直接危害人体生命安全。有试验表明,手部皮肤温度为 8℃左右时,手指触觉能力下降,在 12 ~16℃时,手工操作水平下降。冷水(0℃)浸泡 30 分钟可使优势手握力下降 31.9%。[29]

一般来说,低温环境有利于形成较佳的心理状态,而高温或在温度回升时,人的精神状态则容易产生波动和异常。精神专家研究发现,当气温较高或有暖流入侵时,精神病人起床徘徊、无法入睡、摔打东西的情况会明显增加,正常人也会有程度不同的情绪变化。有分析表明,酷热使人烦躁,容易出现过激行动,高温环境下的犯罪率也相对较高;湿热雨天使人忧郁、情绪低落、自杀增多;干热风使人反应迟钝,犹豫不决,能力降低;暴乱最可能发生于十分炎热、潮湿、几乎无风的地区,因为在这种气候条件下,人们会产生紧张,增加疲劳和烦躁,人的攻击本性会显现,而极其寒冷和多雨的环境,则会减少这类犯罪行为。少雨高温、潮湿的气候会妨碍人体力工作或高度的精神集中。人们已经积累了这样的体验,即冷、热、燥、爽、闷等与气候环境有密切关系,人们对天气的变化虽可发挥调节机能,但调节机能不充分时,就会产生种种身心不调,有时还会转成疾病,所以气候条件不仅会影响人体健康,也会影响疾病的发生与传播。

体感温度是指人感觉到冷热的温度感觉,也称体感气温,它不能简单地理解为人体皮肤温度与气温之差。在相同的气温条件下,人们还会因空气湿度、风速大小、日照、着装颜色和人的心情不同而产生不同的冷暖感受。例如在气温 30℃的环境中,空气的相对湿度在 40% ~50% 左右,平均风速在 3 m/s 以上时,人们就不会感到很热;然而在相同的温度条件下,相对湿度若增大到 80% 以上、风速很小时,人们就会产生闷热难熬的感觉,体弱者甚至会中暑。

4.1.2　湿度对生理心理的影响

空气湿度是指空气中所含水汽比例的大小,湿度越大表示空气越潮湿,水汽距离饱和程度越近,气象学通常用相对湿度来表示空气湿度的大小。

湿度变化对人呼吸系统水分平衡有比较明显的影响。人的呼吸不仅是新气吸入与废气排出的平衡反应，也是人体水分失补平衡的重要途径。一般而言，空气湿度大，人体吸入大量冷湿空气，一些呼吸道疾病往往容易复发；空气相对湿度较小，人体呼出湿气而吸入干空气，会出现呼吸系统水分丢失，而产生干燥和不舒适的感觉，有的人会出现嘴唇干裂、鼻孔流血、喉头燥痒、喉咽部疼痛、口渴、干咳、声哑等症状等现象，甚至引发或加重呼吸道疾病。

湿度变化也能引起人体的理化反应。湿度过大时，人体中的松果激素量也较大，使得体内甲状腺素及肾上腺素的浓度相对降低，人就会感到无精打采，萎靡不振。一些长时间生活在湿度较大地方的人，容易患风湿性、类风湿性关节炎等湿痹症。湿度过小时，人体皮表蒸发加快，干燥的空气容易使人体的水分挥发，造成人体水分丢失，使皮肤干燥、鼻腔黏膜受到刺激。

湿度变化对人的生存环境也有较大影响，并对人的生理心理产生影响。生物医学资料表明，湿度偏高的环境中易滋生尘螨、霉菌，特别有利于蟑螂、老鼠等害虫活动，从而增加了各种病菌的传播几率，人们患胃肠道疾病、呼吸道感染、皮肤过敏等几率也相继增加。

相对湿度45% ~65%时，人体感觉最舒适，精神状态平和；若室内湿度为10% ~15%时，就会使人皮肤紧绷、干燥上火，感觉不适。正是因为空气湿度影响着人体健康，所以应随着季节变化调节居室内的空气湿度，使居室湿度保持在适宜范围。一般而言，春夏湿度大，秋冬湿度小，所以夏季阴雨天要少开窗户；冬季有暖气时，应使用加湿器或自行加湿，如洒点水、晾些湿毛巾等，以提高室内湿度。

4.1.3 气压对生理心理的影响

气压是指大气对地球表面的一种压强，单位面积上大气柱的重量叫作大气压强，简称为气压。一般将纬度 45°的海平面，温度为 0℃时，1013.25 hPa 的大气压强称为一个标准大气压，其中氧分压为 212.8 hPa。因为这个压强被体内压强所平衡，在同一环境中人们一般感觉不到这种压强。但是，在短时间内气压发生很大波动，如乘坐飞机、登高山，有些人就会敏感到气压差的变化。

(1)气压对人体吸氧量的影响。气压变化会影响空气氧含量的变化，当大气压增加或降低时，空气中的氧分压也随之增加或降低，人在单位时间内吸入的氧也随之增加或减少。当气压下降时，大气中的氧分压、肺泡的氧分压和动脉血氧饱和度都随之下降，会导致人体发生一系列生理反应。因为气压下降，人的机体为补偿缺氧就需加快呼吸及血循环，从而出现呼吸急促，心率加快的现象。人体一般只能适应氧分压 20% 的减少，如果超过这一标准，一般人则会出现供氧不足，引起头晕、头痛、恶心、呕吐和无力等症状。人体内氧的储备降至正常人的 45% 时，就可能危及生命安全[30]。

(2)气压对人体的物理性影响。气压变化能穿透人体组织传导到体内，人体如果出现压力传导性障碍，身体就会感到不舒适，如乘坐飞机有的人会产生耳鸣，强寒流天气过境时有的人会听力下降，这种现象大都是由于体内压强与气体压强差平衡过程中出现的现象，身体正常的人一般会自然消失。人们在乘车上山时，如果海拔高度变化较大，因气压差的变化，有的人耳道会产生耳鸣现象或听力下降。

(3)气压对人心理造成的影响。气压对人心理造成影响主要是氧分压变化所致，天气和季节变化也会造成氧分压的变化，并对人的生理心理产生影响，如低气压下的阴雨和下雪天气、夏季雷雨前的高温湿闷天气，常使人抑郁不适。当人感到心闷压抑时，自律神经(植物神经)趋向紧张，释放肾上腺素，引起血压上升、心跳加快、胸部压抑、呼吸急促等。有试验表明，在阴天和下雨前的低气压会使学龄儿童坐立不安。

4.1.4 风对生理心理的影响

风是指空气的水平流动，气象学用风向和风速分别表示空气的流动方向和流动速度。风主要影响人体的热代谢，同时对人的神经系统也会有一定影响。

(1)风对人体热平衡影响。一般认为，在气温大于18℃，风速为0.5 m/s时，风对人的体温调节能被人所感觉。气温低时，风速的大小与人体散热成正比，风速大，散热增快，人就感到寒冷。气温高时(36℃)，气流可使人体皮肤温度上升[31]。气温20℃以下，风可以增加人体皮肤部位的温差，臀部与大腿有时相差1℃左右。气温较低时，风使人体热量散失加快，如不注意保温则容易引起感冒。

(2)风对人呼吸的影响。由于风的变化，可能影响大气压强、空气密度和人体吸入氧气含量的变化，尤其在狂风肆虐，这些变化的幅度比较大，人体面临体压、吸氧、呼吸节律和脉动节律的适应性调整，以致影响周身性调整，在调整过程中有的人会感到心慌意乱，脾气暴躁、头痛、作呕、呼吸困难，对一些心血管、脑血管患者还可能带来生命安全的危险。

(3)风对人精神状态的影响。有研究认为，情绪不佳与干燥热风与有关，因为干热的风会减少空气中的负离子，负离子减少会造成人的办事效率降低，反应迟钝并容易发怒，精神失常现象会增多。

4.1.5 光照对生理心理的影响

光照是太阳直射或散射到地面的日光，太阳光穿过大气层，只有45%日光照射到地面，另有24%被大气吸收，31%反射或散射到宇宙空间[32]。光照变化对人体生化、视觉和心理有明显影响。

(1)光照是正常人体生化的物质元素。有研究表明，当阳光照射到人体，会有一部分光穿透进入人体，能量较大的紫外线，可使分子中的电子激发而激活人体生化反应。如果一个人长期在黑暗中，就会使人体内糖代谢发生变化，排尿量减少，血糖含量降低，脑垂体和肾上腺功能也会受到影响。

(2)紫外线对人体具有双重影响。阳光中的紫外线与人的皮肤接触后，能促进维生素 D 的增加，而维生素 D 具有促进钙、磷的吸收、利用和贮存的功效。当光照减少时，皮肤中合成维生素 D 的量减少或缺乏，导致肌体吸收钙的能力下降，血中钙浓度降低，使骨中的钙成分减少，进而发展成佝偻病。人如果长期缺乏紫外线照射，就可能造成紫外线照射不足。但紫外线过度照射可引起日晒性皮炎、皮肤红斑、水泡、色素沉积、皮肤癌等。

(3)可见光具有较多的生理作用。当可见光被视神经接受后，传入皮层视中枢，再经丘脑、下丘脑，并影响促性腺激素分泌。可见光还会影响人体某些生理节奏现象。但是，在无防护情况下，日光照射时间过长会引发皮肤慢性损伤，人的眼睛也会因受强日光刺激而影响视觉判断，过多晒太阳会引起眩晕、日射病、皮肤灼伤等。

(4)光照影响人体生理节律。正常人体内有多项指标变化与光照变化有关，如血小板上午 11—12 时最低，晚间 20 时最高，嗜酸细胞值则早晨最高，上午 11 时至下午 16 时逐渐减少。对盲人而言则没有这种时间节律[33]。

4.1.6　气象要素变化的综合性影响

人们在大气环境中活动，不仅受单一气象的要素，而且受到多种气象要素的综合作用和影响，尽管人们通常用气温高低来表示环境冷热，但人体对外界冷热的舒适感，并不仅仅根据气温或其他任何单一的气象要素来评价，而是温湿、温风湿、气温气压湿压等的混合配置对人体产生综合性的影响，人体适应则需要进行全身性的适应与调整。

(1)气温和湿度的共同影响。人体对气温和湿度感觉是一种综合性反应，如在气温高于30℃的时，高湿度就会影响人体热量散发，使人体感到温度会比实际气温高；在气温低于7.5℃时，高湿度则会使空气吸收人体的辐射热量，造成人体散热比增加，使人感受到寒冷；只有当气温比较适中时，湿度对人体的影响才比较小。中国南、北方在相同气温条件下，人们的体感温度差别较大，主要原因在于南北湿度差别较大。

现代医疗气象研究表明，对人体比较适宜的相对湿度为：夏季室温25℃时，相对湿度控制在40%～50%比较舒适；冬季室温18℃时，相对湿度控制在60%～70%。夏季三伏时节，由于高温、低压、高湿度的作用，人体汗液不易排出，出汗后不易被蒸发掉，因而会使人烦躁、疲倦、食欲不振；冬季湿度有时太小，空气过于干燥，易引起上呼吸道黏膜感染，患上感冒。据科学试验，在气温日际变化大于3℃、气压日际变化大于10百帕，相对湿度日际变化大于10%时，关节炎的发病率会显著增加。

人体操作效率与气温和湿度配置也高度相关。高气温条件（40℃，相对湿度60%）下被试体力操作效率，为中等气温（20℃，相对湿度60%）的19%，为低气温（0℃，相对湿度80%）的12%。热环境对智力劳动影响也十分明显，气温从21℃增加到35℃，智力作业效绩明显降低，而且作业越难，效绩下降越明显[34]。显然，如果较长时间处在高于25℃的气温环境中劳动或工作，对劳动生产率会有明显影响。

人体致死的高温指标与空气湿度也有很大关系。当气温和湿度高达某一极限时，人体的热量散发不出去，体温就要升高，以致超过人体的耐热极限，人即会死亡。因此，我国规定高温灾害性天气标准为：长江以南最高气温高于38℃，或者最高气温达35℃，同时相对湿度高于61%；长江以北地区最高气温达35℃，或者最高气温达30℃，同时相对湿度高于64%。

夏季，湿度增大，水汽趋于饱和时，会抑制人体散热功能的发挥，使人感到十分闷热和烦躁。冬天，湿度增大时，则会使热传导明显加快,使人觉得更加阴冷、抑郁。关节炎患者由于患病部位关节滑膜及周围组织损伤,抵抗外部刺激的能力减弱,无法适应激烈的降温,使病情加重或酸痛加剧。如果湿度过小时,因上呼吸道黏膜的水分大量丧失,人感觉口干舌燥,甚至出现咽喉肿痛、声音嘶哑和鼻出血,并诱发感冒。调查研究还表明,当相对湿度达 90% 以上,26℃会让人感觉 31℃似的。干燥的空气能以与人体汗腺制造汗液的相等速度将汗液吸收,使人感觉凉快。湿度大的空气,难以再吸收水分,于是汗液只得积聚在人的皮肤上,使人的体温不断上升,同时心力不胜负荷。

在一定气温条件下,大气中相对湿度越小,水分蒸发也就越快;反之,大气中湿度越大,水分蒸发也就越慢。在人们实际生活中,冬春季会感到空气干燥,夏季出现闷热天气的现象,这都是由于大气中湿度变化在起作用。人体中丧失热量的多少,主要取决于空气中水分的饱和程度,一般将 37℃时空气饱和差称为生理饱和差,它对人们的呼吸过程中水分蒸发有重要意义。

在不同湿度条件下,人体的散热方式也不同。当然,对于人体健康的影响,是湿度和温度共同作用的结果。在低温潮湿天气下,由于大分中的水汽蒸发吸收了身体的热辐射,而使人体感到阴冷并容易受凉;在高温潮湿的天气,大气中的水汽会阻碍人体的体表水分蒸发,而影响到人体的散热过程,如果排汗不及时,人就会中暑。相对湿度如果达到 80% 以上,就会妨碍人们机体水分蒸发散热,对患有肾病、结核病、慢性腰腿病的人都会产生不良作用。在冬季低温情况下(如我国的南方地区),潮湿的空气容易让人得风湿病和气管炎。而大气中的空气湿度太小则会造成人体皮肤干燥等,尤其长期在室外、野外劳作的人,特别容易出现手脚干裂。实际上,人们感觉最舒适的气象条件是大气温度在 22 ~ 25℃、相对湿度在 50% 左右为最佳。

(2)其他气象要素的共同影响。人的生理心理受气象影响的情况比较复杂,气象对人体生理的影响具有全面性、深刻性和经常性的特征，并对人的心理产生影响。在同一气象背景下，人们个体的心理反应可汇集形成共同的社会心理，如形成全社会性的防寒或防中暑心理等。气温、湿度、风、气压也是经常共同作用于人的生理和心理。人们最有体会应当是在夏天雷雨天气发生之前，高温、高湿、无风和低气压的天气条件下，多数人会感到心烦气躁、胸闷，特别是一些有血压高、肾病、癫痫病史的人反应更明显，心理压力增加，有的还会产生恐惧感。

有利的气象条件，可使人们情绪高涨、心情舒畅、生活质量和工作效率提高；而不利的气象条件，则使人情绪低落、心胸憋闷、懒惰无力，甚至会导致精神病态和行为异常。除以上气象要素外，还有大气电现象、负离子变化、大气质量状况等对人的生理心理都会产生不同程度的影响。

近些年来的研究表明，人体褪黑激素对中枢有抑制作用，而人体脑上腺分泌褪黑激素具有明显的昼夜节律，即白天分泌减少，夜晚分泌增多，并与睡眠期同步，这说明对中枢具有抑制作用。但由于受环境、光照的干扰，脑上腺分泌节律不是恰好 24 小时，而是有或长或短的变化。光照可以调控脑上腺的分泌节律，使其节律呈昼夜性变化[35]。气候的四节变化，气温有高低，光照有强弱，天气有阴晴，昼夜有长短之变化，这些都可能会影响人体脑上腺分泌褪黑激素的变化，而使人的精神状态受到影响。

气象条件是构成人类生活环境的重要因素，它不仅影响人的生理健康，对人的心理情绪方面的影响也非常明显。气象条件对人们心理健康的影响，已经引起心理学家、行为学家和管理学家的高度重视。大量的生物学文献也不断证明，人们的基本生理过程和气候之间存在着相互作用。目前，这是一个颇受争议的领域，还有许多问题有待深入研究。但是，气候对人们身心健康的影响已经得到证实。为此，一些国家在发布天气预报时，已经开始发布未来天气可能引发某种生理和心理疾病的预测预报，以提醒人们及早预防。

4.2　气象时空变化对生理心理的影响

一个区域的气候从总体上看,具有相对的稳定性,但这种稳定是指在一定阈值范围内的稳定,气象要素则会在这个阈值范围随着时间和空间变化而变化,这种变化会对人的生理心理产生影响。

4.2.1　气温、气压随时间变化对生理心理的影响

人的生理心理受时间变化因素的影响,是指人处在同一气候区域因为时间变化而引起生理心理变化。在同一气候区域,大多数气象要素都具有随着时间变化而变化的特点,这些变化对人的生理和心理会产生影响,人们感觉反应最明显的就是温度的年变化和日变化。

在中高纬地区,气温的年周期变化比较明显,每年的 7 月至 8 月为高温季节,1 至 2 月为气温最低月。人的体温是否存在微小的年际变化,目前尚无精确的试验数据来证明,但人体温感调节系统活动存在年变化。人的体温调节除行为性体温调节外,人体自主性体温调节系统,一般会在夏季调节散热器官散发体内热量,而在冬季调节产热器官(如肝脏、骨骼肌)产热,以保持人的体温平衡。从这种意义上理解,气温年变化激发人的体温平衡系统也呈年变化。人体这种生理变化,实际上也会影响人的心理变化,如我国一些长期生活在北方的人就存在夏天不愿到南方的心理,如果生活在南方高温高湿的环境中,心理就非常紧张。相反,许多南方人不适应北方冬天干冷气候环境,除了生理不适应外,心理也不适应。

无论高纬、低纬地区,气温日变化都比较明显。在没有转折性天气过程发生时,一个地方的日最低气温出现在当日早晨 5—7 时(当地地方时),最高气温出现在下午 13—14 时(夏季在 14—15

时)。中纬度地区气温日最高与日最低差值有明显季节变化,一般夏季高于冬季,夏季日较差约为 10 ~ 15℃,冬季约为 3 ~ 5℃。气温日较差随纬度增加而减小,热带地区日较差平均为 10 ~ 20℃,到极地仅有2 ~ 4℃。

人的体温也有日变化,一般在清晨 2—6 时最低,午后 13—18 时最高,变化范围不超过 1.0℃,直肠温度的正常变化范围为 36.9 ~ 37.9℃[36]。所以一些发烧病人到下午体温会明显上升。通过比较发现,人的体温最低、最高与日气温最低、最高出现的时间比较接近,它说明人的体温日变化节律与气温日变化规律具有某种联系。体温的这种周期性昼夜波动,医学上称为昼夜节律,一般认为与人的生物钟功能有关;气温的这种变化,气象学上称为日变化,它由于太阳高度角变化和受阳光照射时间决定。

受气温日变化和年变化影响,人的生理和人的精神都会自觉或不自觉地产生反映或反应。正常人一般通过自身的生理和心理自然调适,就能适应气温的日和年变化。但是,一些身体处于亚健康和不健康的人群,对季节变化反应就非常敏感,有的人怕过春夏,有的人则怕过秋冬,这与每个人所患的疾病对天气的敏感程度不同有关。

根据有关统计结果表明,人的月死亡率高低与季节有一定关系,在北半球,冬季死亡率最高。如在上海市最冷的 2 月份,死亡人数比 5、6 月份多 2 倍,在寒冷季节中又以日最低气温低于零下的寒潮天气为最多;日平均气温在 15 ~ 25℃之间死亡最少,当日平均气温下降到 14℃以后,死亡人数会明显上升;当日最高气温达到 35℃以上时,死亡人数又明显增加[37]。根据对人口自然死亡月分布情况的统计,在气温最低的 1—2 月死亡率最高,次高为气温最高的 7—8 月。由于各地气候背景不同,最高和最低气温出现的月份不同,人口死亡率最高月和最低月则有时间差别。根据清史记载统计,清代十一位皇帝有 5 位死于最热的七月、八月,5 位死于最冷的冬腊正三个月,一位死于冬十月。还有统计表明,在一天的 24 小时中，医院病人死亡率在早上 6 时和下午 4 时分别出现两次高峰；婴儿出生率在早晨和晚上较高[38]。

气压的日变化规律，在没有转折性天气过程发生时，在大陆区域，一般日最高气压值出现在当地时上午 9—10 时，最低出现在下午 15—16 时；次高值和次低值则出现在晚 21—22 时和凌晨 3—4 时。气压受到气温 24 小时、大气潮汐 12 小时周期，以及 8 小时、6 小时短周期联合振动的影响，使气压日变化产生 2 次波动。气压的日最高、日最低变化值与气温日变化值有关，变化幅度随纬度增加而减小，低纬度地区日振幅可达 3 ~ 4 hPa，到纬度 50°地区则小于 1 hPa。大陆型气压的年变化，最高值出现在冬季，最低出现在夏季，海洋型、高山区例外。

人体血压是否也呈日周期变化，由于动态血压监测技术的临床应用，使人们对血压昼夜节律及生理波动规律有了基本的认识。据有关资料，对我国正常人和高血压者进行 24 小时动态血压监测，发现两个血压高峰和两个低谷，即早 6—8 时为第一个血压高峰，至 12—13 时为第一个低谷；17—20 时为第二个高峰，为全天血压最高时间；凌晨 1—2 时为全天最低点，为第二个低谷；最后血压逐渐上升，进入次日的第一个高峰。按照 24 小时血压曲线：有约 70% 的人为双高峰型，即符合上述的血压波动规律；约 25% 的患者只出现下午一个高峰。血压白昼升高，夜间下降，这在正常血压者已得到证实并且普遍存在，夜间血压较白天血压下降 10% 左右。人体血压的这种日变化符合人体“昼动夜静”的生物钟特性。

大气压日变化与人体血压日变化是否存在某种联系，目前还只能从血压波动和气压日变量作分析判断，日气压第一次最高值与人体日血压第一次最高值，日气压次低值与人体日血压最低值，即一高一低出现的时间基本接近，这两种现象之间是否也有一定联系，或者是否共同受到日月地系统日周期变化影响则需要进一步研究。

4.2.2　温湿气压空间变化对生理心理的影响

人们的社会活动往往并不局限于一个固定空间，有许多人经常会离开长期适应了的气候区域，而到另一个气候区域环境中活动。由于另一个气候区域的气温、湿度、气压、空气成分、饮水中的矿物质存在差异，许多人就会出现“水土不服”，感到生理不适，大脑不清晰，肢体无力量，精神状态不好，严重时嘴鼻可能出现溃烂，皮肤可能起疮或起水泡，这样的人群心理负担就比较重。对一般人而言，可能经过一段时间的适应，生理、心理也会随之适应。但是，有一部分对气候环境特别敏感的人会出现季节性长期处于不适应状态，如有的北方人到南方后，每到夏季受高温高湿天气影响，就会重复出现皮炎、皮疹、皮肤搔痒，心理压力很大；有的南方人到北方，每到秋冬季受低温低湿干燥天气的影响，就会重复发生鼻、喉严重不适应症状。这类气候敏感型人员，都有不愿意离开原已适应气候环境的心理倾向。

内陆型气候，秋冬空气比较干燥，天气寒冷，一些长期生活在海岸型气候地区的人初到内陆型气候地区，在生理上可能有一段适应期，一些有鼻炎、咽炎症的人容易复发，甚至鼻腔会出血。一些哮喘、关节炎和糖尿病患者则不宜在海滨高湿的气候环境中疗养。

人们的活动随着空间变化，影响最突出的可能还是对氧成分变化的反应。这就是气压的变化，气压越低大气含氧量就会随之减少，反之气压增高则增加。人们从富氧气象环境到稀氧气象环境，或者从稀氧气象环境到富氧气象环境，都会出现不适应的生理心理反应。气压随海拔增加而下降，在海拔低于 3000 m 以下，海拔每上升 100 m，气压大约下降 10 hPa 左右。表 4. 1 是我国 2003 有代表性地区的大城市，年均大气压分布情况，最高 1016 hPa（上海）与最低 653 hPa（拉萨）之差为 363 hPa。

表 4.1　2003 年我国一些城市的海拔高度和年平均大气压对照表

城市	北京	上海	广州	西安	贵阳	昆明	兰州	西宁	拉萨
海拔高度(m)	32.5	18.9	43.4	398.6	1223.2	1896.8	1518.3	2296.2	3651.0
大气压(hPa)	1013	1016	1009	970	878	810	848	771	653

气压对人心理造成影响主要因氧分压变化引起,随着海拔高度增加大气氧分压下降,上升至 3000 m、5000 m 高度,空气中的氧含量分别只有海平面的 72%、57%,人的心率随海拔增加而加快。有研究表明,在青海省海拔 2000 m、3000 m、4000 m 高度,人的工作能力比平原地区分别下降 10.1%、29.2%、39.7%[39]。

高山病比较典型,它是指海拔 3000 m 以上地区容易发生的肺水肿、脑水肿、胸水肿、生理各机能削弱等疾病。高山病形成的原因是由于高度愈高,空气愈稀薄,气压就愈低,人体所需要的氧气分压也随之降低。但人体所需要的氧气含量不会有明显改变,为使血液中维持人体所需要的氧含量,人体必须增加红血球含量,而人体自然增加红血球的含量需要几天时间。因此,在刚进入高山区,许多人会因高度突然增高,人体来不及适应,体内氧气供应不足而产生剧烈反应。这种生理反应伴随症状有:呕吐、耳鸣、头痛、呼吸急迫、食欲不振、发烧、睡意朦胧,严重者会出现感觉迟钝、情绪不宁、精神亢奋等,还可能发生浮肿、休克或痉挛等现象。从高原到海拔较低的地区,有的人则会出现富氧低山反应,总想睡眠,记忆力明显降低。

4.2.3　天文气象对生理、心理节律的影响

根据天文常识,受太阳和月球的引力影响,每月逢阴历初一、十五,太阳、地球、月球在一条直线上,太阳、月球对地球的引力最大;在月相为上弦和下弦时,即每月逢阴历初八、二十三,太阳、地

球、月球形成最大夹角，太阳引潮力和月球引潮力互相抵消了一部分，相对而言太阳、月球对地球的引力最小。这就是对每逢阴历初一、十五海水涨大潮，每逢阴历初八、二十三海水退潮的科学解释。每天海洋的潮汐变化也是太阳、月亮共同引力的作用。除海水潮汐外，其实大气变化也存在类似情况，如气压场、风场等大气各要素受到太阳和月亮引力作用，也产生日周期性变化，科学家称其为大气潮汐，亦简称气潮。

日月天体引力不仅影响地球水体和大气变化，其实对人的生理心理也在产生影响。人体最明显的月节律是妇女的月经周期，这是一种大约以25～30天(有个别差异)为周期的规律性现象，在月经的周期中，妇女卵巢、阴道上皮细胞、子宫颈黏液、子宫内膜、乳房、体温、皮肤色素、体液中的水电解质、情绪甚至脑电图等很多项指标，均呈现出周期变化。中国古代很早就认识到这种现象，如《黄帝内经·岁露论》说："月满则海水西盛，人血气积，肌肉充，皮肤致，毛发坚，腠理郄，烟垢著。当是之时，虽遇贼风，其入浅不深"；"月郭空，人气血虚，其卫气去，形独居，肌肉减，皮肤纵，腠理开，毛发残，月焦理薄，烟垢落。当是之时，遇贼风则其入深．其病人也卒暴"。其意是说，当月圆的时候，海水向西涌盛形成大潮。此时人体气血也相应地充盛，肌肉坚实，皮肤致密，毛发坚韧，腠理闭合，皮肤润泽固密。在这个时候，即使遇到贼风邪气的侵入，也较表浅不会深陷。如果到了月亮亏缺的时候，海水向东涌盛形成大潮，这时人体气血相应虚弱，体表卫气衰退，外形虽然如常，但肌肉消减，皮肤弛缓，腠理开泄，毛发残脆，肉理疏薄，皮肤纹理粗疏而表虚不固，在这个时候，若遇到贼风邪气的侵袭，就容易深陷入里，发病也急暴。又如《素问·八正神明论》说："月始生则血气始精，卫气始行；月郭满则血气实，肌肉坚，月郭空，则肌肉减，经络虚，卫气去，形独居"。其意是说，月亮初生的时候，血气开始流利，卫气开始畅行；月正圆的时候，则人体血气充实，肌肉坚实；月黑无光的时候，肌肉减弱，经络空虚，卫气衰减，形体独居。这种月相对人体的不同作用,也会影响对疾病的治疗。如《素问・八正神明论》说:“凡针刺之法,必须观察日月星辰盈亏消长及四时八正之气候变化,方可运用针刺方法”;“月生无泻,月满无补,月郭空无治,是谓得时而调之(即月亮初生的时候,不可用泻法;月亮正圆的时候,不可用补法;月黑无光的时候,不要针刺。这就是所谓顺着天时而调治气血的法则。)”。否则,违天时而治,就会发生“脏虚”、“重实”及“乱经”之害。

人的生理心理日变化是否都与气象条件相关,这还有待深入研究,但从统计学分析,人体有些现象与气象的季变化或日变化呈一定的相关性。有研究表明,人体的日节律反应在体温、血压、脉搏、呼吸、血糖、内分泌激素等多方面均在24小时内呈某种周期性变化,人的心理活动、工作效率甚至骨关节也有昼夜变化。

据科学研究发现,人体还有一些不能与每日或每月节律时间完全对应的人体自然节律,这些节律客观上影响着人体的各项功能,人的体力、情绪、智力也有月周期变化[40]。有研究认为,这三大节律从人一降生时起,就分别按照各自固定的节律由高潮到低潮,又由低潮到高潮地规律波动。每个周期中高潮期和低潮期各占一半时间,这三大节律的周期长短不一,其中体力节律周期为23天,情绪节律周期为28天,智力节律周期为33天。人体这些周期现象是否受到气象变化影响或受到哪些自然因素影响还有待研究,但时间生物学关于生物节律研究的外源论认为,光周期、温度、大气波动、天体活动、地球自转、宇宙射线、地磁、静电场等均可对节律进行推动和调整[41]。

人体的生理和病理都表现为一定的时间节律,如昼夜二十四小时节律、月二十八天节律、一年四季节律等变化可以从地球、月亮和太阳运转得到科学解释。但是,人的生理还呈七天的节律变化,有观点认为也与月相变化有关。七天节律是月节律的四分之一,一月有黑月和满月两个时段,这样就把一个月大约分为七天左右,因此七天节律也应是月节律的反应。中国古代早就认识到生理和病程七日现象存在。如《黄帝内经·热论篇》说："七日,巨阳病衰,头痛少愈",即第七日,太阳病(包括脉浮、头痛、发热、恶寒等症)衰,头痛稍愈,第十二日就痊愈了。又如张仲景在《伤寒论·辨太阳病脉证并治》中说："发于阳者,七日愈;发于阴者,六日愈。以阳数七、阴数六故也。"即病发于阳经,大约七天可以痊愈;病发于阴经的,大约六天可以痊愈。这是七属于阳数、六属于阴数的缘故。张仲景《伤寒论·辨太阳病脉证并治上》说："太阳病,头痛至七日以上而自愈者,以行其经尽故也。"即是说外感病,如感冒,头疼,发烧,怕冷、轻度咳喘,如果不治疗,没有发生合并症和并发症,到第七天时就会自然好。如果七天不好,病程就会延至七天的倍数,十四天或二十一天。

4.2.4 季节变化对死亡率的影响

根据统计事实,我国人口死亡率具有明显的季节变化。人体对长期居住地区气候有一定的适应性,但超出气候正常状态的短时剧烈天气变化会使一些人感到不适、发病,甚至死亡,尤其是在出现极端高温的夏季和极端低温的冬季。据统计在上海市最冷的2月份,死亡人数比5、6月份多2倍,在寒冷季节中又以日最低气温低于零下的寒潮天气为最多;日平均气温在15～25℃之间死亡最少,当日平均气温下降到14℃以后,死亡人数会明显上升;当日最高气温达到35℃以上时,死亡人数又明显增加[42]。根据对人口的自然死亡月分布情况统计,在气温最低的1—2月死亡率最高,次高为气温最高的7—8月。气候变化是否可能放大这种季节效应还有待观察研究。

4.3 "气象病"对心理的影响

"气象病",是指与气象和季节有关的疾病。它是人体生理对气象要素不适应的反应。"气象病"一般分为两类,一类由气象原因直接侵害造成的有关疾病，如中暑、冻伤、气象官能症、焚风病、高山病等；另一类由气象变化间接引起或诱发的疾病，如流行性感冒、慢性支气管炎、支气管哮喘、鼻出血、心肌梗死（心绞痛）、关节炎、心脑血管病、皮肤病、肠胃疾病等。“气象病”对人的心理会产生较大影响。

4.3.1　“气象病”的发生

天气变化可以直接诱发疾病。在大多数情况下，天气是疾病的“诱因”。天气变化过速或过度时，会使一些人的机体失调而发病。如天气过于炎热，人容易出现中暑、热衰竭、热疲劳等疾病；天气过于寒冷，人容易患感冒、支气管炎、关节炎、心血管病、哮喘等疾病。大雨、暴风雪、或久阴转晴等天气突变会诱发偏头疼，冷热巨变会引起胆囊代谢紊乱，使胆固醇分泌物增多并与胆汁中的盐分分泌一起沉淀形成胆结石，等等。

影响人体健康的主要气象要素有气温、风、湿度、气压、太阳辐射等；大气化学因素有紫外线、红外线的光化学作用，以及大气污染物质等；大气电磁因素，如大气中的电现象、空气电离和宇宙射线等；生物因素有花粉和病毒、细菌、寄生虫等病原体。这些因素通过机体的神经系统和皮肤、肺脏、感觉器官等在人体内引起一系列反应。例如，低温刺激可导致心肌缺氧症状加重；寒冷刺激能使风湿患者体温调节功能减退，疼痛加剧。健康人的生理功能健全，代谢能力强，所以对外界环境的刺激很快能适应。老、弱、病患者代谢能力弱，一旦遇到外界环境急剧变化就容易染病或使病情加重。

气候过敏是“气象病”的主要形式之一。气候过敏的临床症状主要有：情绪抑郁，乏力身困、失眠易醒、头痛、易激动、焦虑、食欲不振等等。本病主要是神经系统功能失调引起的。专家们认为，当寒潮袭击，或台风过境，或气温忽降忽升，或出现大风、雾、阴雨天气等，如在健康人身上出现上述症状，查不出其他原因时，就应考虑是否属气候变化过敏。国外有人研究发现，在普通人群中，约有 1/3 的人对天气变化敏感，且这种敏感性随年龄增长而增加。如青少年对天气敏感者，约占 1/4，壮年人则增长为 1/3 左右，老年人会升至 1/2 左右。

4.3.2 季节病的发生

根据气候学定义，气候季节，是指以候（5 天）平均气温低于 10℃为冬季，高于 22℃为夏季，介于 10～22℃之间为春季和秋季。有些气象病的发生或加重明显与季节相关，并呈年季周期性特点，这种疾病也称季节病。

气象季节病的发病频率和病情程度，具有明显季节性特征，一般可分为三种类型：(1)气候的季节性变化成为发病或病情恶化的直接原因；(2)气候的季节性变化，使身体出现反常，难以抵抗细菌活动而发生疾病；(3)季节性细菌传染而引发相关疾病。关于气象季节与疾病关系，我国古代早有研究，如《黄帝内经·金匮真言论篇》说："春气者病在头，夏气者病在藏，秋气者病在肩背，冬气者病在四支。"

春季，暖空气开始活跃，气温逐渐回升，冷暖空气在我国大陆交替性活动比较频繁，忽冷忽热的天气经常交替出现，一些身体比较弱的人，生理功能适应较难，一般容易患流行性感冒、流脑等病症。

初夏季，冷暖空气势均力敌，并来回活动在我国江淮一带，天气经常为细雨连绵、空气潮湿、阴云低沉，一些中老年人常有关节和腿酸背痛症状出现，一些风湿性关节炎患者病情明显加重。盛夏季节，气温升高，在高温环境中工作，容易造成中暑。消化不良及细菌性肠道疾病、皮炎等在夏季明显增多。

秋季，除与春季相同的冷暖空气活动频繁外，白天气温仍然较高，但夜间较凉，气温日较差大，睡眠时很容易着凉，易得伤风感冒，儿童易患肺炎、老人气管炎易复发。

冬季,当北方冷空气南下时,气温骤降,冷空气刺激咽喉,使抵抗力弱的老年人,容易患慢性支气管炎,支气管哮喘、肺气肿和心肌梗死等疾病。当气温降到摄氏零度以下,一些人的手、脚、耳及脸部等局部容易被冻伤。

有些疾病发生与季节并不完全对应,如感冒一年四季都有发生,但冬季是感冒的多发季节。北京急性心肌梗死多发期在冬春,11 月至 1 月和 3 至 4 月各出现一个高峰期。上海哮喘病发作有 50% 发生在冷暖空气交替频繁的 4 月和 5 月下旬,9 月下旬和 10 月[43]。有的疾病在冬夏两季会明显加重,如心脏病人遇到极冷极热的气候,会使心血管系统负担过重,因为气温非常低时,血液从皮肤流入体内,心脏要用力拍压血液以保持身体温暖;暑热天气会使心脏跳动加剧,使人排汗增加,并使血压升高。

有些疾病的发生或慢性疾患的恶化具有明显的年周期性特征。如北京地区消化性溃疡秋冬季为高发期,春夏之交为低发期。急性心肌梗死的多发期在冬春,11 月—次年 1 月、3—4 月各出现一个发病高峰。季节病中除少数疾病如中暑、痢疾等发病在夏季外,多数季节病大都发生在冬半年,如慢性气管炎、肺心病、哮喘、心肌梗死、肺炎、感冒、精神病等。有些疾病在隆冬季节为发病高峰期,这与持续低温有关。有的则有秋末冬初和春季两个发病峰期。在秋末冬初和春季是大气环流大规模调整和转换的时期,天气变化比较急剧,冷空气活动频繁,致使疾病多发。还有些疾病既具有季节病的特点,也具有气象病的特点。如夏季高温热浪引发的疾病更是一种典型的“季节病”,有研究表明,热浪对不同年龄人群影响差别比较明显,高温热浪期间 60 岁以上老人有明显的死亡高峰,这说明老年人对热浪较敏感。如果高温热浪发生初夏其影响就明显,这说明早期人们生理心理对热浪的适应性较低。

4.3.3 天气过程与疾病

天气过程，是指重要天气及其相应的天气系统发生、发展和结束的全部演变过程。一般天气过程有寒潮天气过程、暴雨天气过程、大风天气过程、梅雨天气过程、台风天气过程等。有些疾病的触发或明显加重与天气变化过程密切相关。

据有关统计，高血压患者发病，在气压下降达到气压谷（最低值）、气温上升到峰值（最大值）时发病入院患者最多；在气压达到低谷后急速上升，气温达到峰值后急速下降时发病人数也较多。两种天气形势发病率之和，占高血压发病数的80%以上。据北京24个医院住院统计，在冷、暖空气侵入和低压系统发展时，急性心肌梗死发病率占89.2%[44]。天气冷暖变化是诱发高血压病复发或加重的重要原因。

关节炎病人对天气过程变化比较敏感，中医把关节炎、风湿病统称为痹病，如《黄帝内经·痹论篇》曰："风寒湿三气杂至，合而为痹也。其风气胜者为行痹，寒气胜者为痛痹，湿气胜者为著痹"，即痹病因风、寒、湿侵袭而生，又因受三气侵袭的偏重程度不同，而痹病有行痹、痛痹、著痹之区别。有人通过对关节痛病人进行观察发现，天气变化是诱发关节炎复发的重要原因。据对上海关节炎1373例次统计分析，一年中10月和11月发病率最高，8月最低。对比气象条件分析，在天气处于气温偏低日、气压偏高日、湿度偏大日发病并不显著增高，只有在干湿、冷热、气压高低三者综合变化超过一定范围的天气日，即日变温大于等于正负3℃，日变压大于等于正负10 hPa，日变湿大于等于正负10%，发病才显著增多[45]。有实验表明，在人工气候室里，使气温在短时间内由30℃降至15℃时，关节炎病人会出现疼痛，即使无关节炎病的人也会出现关节疼痛。如果降温幅度小，降温时间长，正常人不会出现关节疼痛，而关节炎病人则会出现疼痛。通过对正常人与风湿病人的体温调节机制比较，气温下降和上升时，正常人的皮肤温度下降和上升都快于风湿病人[46]。

另外，哮喘、中风等疾病复发与天气过程都具有高度的相关性，心脑血管疾病、冠心病等疾病的触发或加重都与当时的天气活动过程有关。一些常见疾病受天气过程、天气形势的影响情况见表 4.2。

表 4.2　天气过程、天气形势对疾病的影响[47]

疾病或病症	引起疾病恶化的天气状况
心肌梗死	锋、气旋天气、高湿度
低血压	暖空气活动
中风	冷空气及冷锋、暖锋、低气压
糖尿病	冷锋、暖锋
多发性关节炎	气压下降伴高温天气
风湿性病变	冷湿且有风、冷锋过境，暖锋、锢囚锋、气温下降
胃溃疡	湿热天气
肺炎	干燥、低温天气、冷锋后
支气管哮喘	不稳定的冷空气和逆温、气旋天气、冷风过境、高湿度
消化不良	冷空气活动
白喉、猩红热	气旋
流感	干寒降温后、高压天气、冬季反气旋转微风天气
肾、胆结石	锋交替、冷空气活动、气旋

4.3.4　气候类型与疾病

气候类型，是指以气象要素的日、季、年变化基本相近的气候特征为划分标准，对气候分布进行分类，如海岸型气候、内陆型气候、高山型气候、低地型气候等。有些疾病的发生或加重与气候的类型有关。

高山病比较典型，它是指海拔 3000 m 以上地区容易发生的肺水肿、脑水肿、胸水肿、生理各机能削弱等疾病。高山病形成的原因是由于高度愈高，空气愈稀薄，气压就愈低，人体所需要的氧气分压也随之降低，但是人体所需要的氧气含量不会有明显改变，为使血液中维持人体所需要的氧含量，人体必须增加红血球含量，而人体自然增加红血球的含量需要几天时间。因此，在刚进入高山区，许多人会因高度突然增高，人体来不及适应，体内氧气供应不足而产生剧烈反应。这种生理反应伴随症状有呕吐、耳鸣、头痛、呼吸急迫、食欲不振、发烧、睡意朦胧，严重者会出现感觉迟钝、情绪不宁、精神亢奋等，还可能发生浮肿、休克或痉挛等现象。从高原到海拔较低的地区，有的人则会出现富氧低山反应，总想睡眠，记忆力明显降低。

内陆型气候，秋冬空气比较干燥，天气寒冷，一些长期生活在海岸型气候地区的人初到内陆型气候地区，在生理上可能有一段适应期，鼻炎、咽炎症容易复发，甚至鼻腔会出血。一些患哮喘、关节炎和糖尿病的人则不宜在海滨高湿的气候环境中疗养。

第5章 气候变化对生理心理的影响

气候变化不仅影响人们的生产生活环境,还会严重影响人们的生理心理,并可能造成许多心理问题,特别因气候变化引发的各种自然灾害和生物灾害,对人们的心理影响不可低估。当今气候变化引起国际社会高度关注,也是人们预期心理防卫的综合反应。

5.1 气候变化对社会心理系统的影响

回顾人类社会发展历史进程,在自然气候变率下,气候事件经常威胁着人们的生命和财产安全,影响着社会生产生活秩序。如果气候变化不断加深,气候事件造成社会心理影响将会更为突出。

5.1.1 气象灾害对社会秩序的影响

目前,气候变化所呈现的主要特征是全球气候变暖,气候变暖的热力属性使空气、水、冰和地表的温度都会发生不同程度的变化,由此也会引起全球气候系统的动力和水分属性改变,特别是大气运动、空气湿度和降水量也会发生重大改变。气候变化引起的灾害,会直接影响到社会生产和生活系统,其变化超过一定范围就会影响社会秩序的连续和稳定。

气象灾害通过影响正常的社会生产系统和社会生活系统秩序,从而影响到社会秩序的连续和稳定。气象灾害对社会生产系统的秩序影响,主要通过影响或破坏生产条件,使生产不能再持续进行;或者气候资源超过或低于正常生产需要而造成直接或次生灾害。

气象灾害对社会生活秩序的影响,主要通过影响或破坏社会生活资料、设施，使人们正常秩序被迫中断，甚至危及人们的生命安全，从而影响到整个社会秩序。由于全球气候变暖，使得大气变化的不确定性增加，大气变化的强度、幅度和频次都呈现出与历史气候不同的特征，对社会生产和社会生活系统的影响强度和频次也呈现出异常特点，人们正常的生产生活秩序经常受到干扰和破坏，在局部甚至造成混乱。气象灾害对社会生产、生活秩序的影响主要反应在以下方面。

(1)摧毁社会物质财富。气象灾害对社会经济发展和社会物质财富具有很大的破坏性，特别是暴雨洪涝、风灾、冰雹等气象灾害可能直接摧毁现有社会物质，重大灾害会造成房屋倒塌、牲畜死亡、道路中断、桥梁冲毁、设施毁损、船沉车毁等直接财产损失。除暴雨洪涝、风灾、冰雹外，还有干旱、低温、冻害、寡照、连阴雨等气象灾害，可能会摧毁将转化为社会财富的物质，如农作物被毁或受到重大危害、盐田被淹、砖瓦坯遭遇雨水毁损等。

气象灾害直接摧毁再生产的条件或环境，一般包括田地冲毁、溏堰干涸、土地沙化、水资源被破坏和气候异常等。气象灾害，尤其是暴雨、洪水、大风等灾害，对道路、水利、电力、通讯等基础设施的破坏性较大。例如，2008 年 1 月，南方十省(区)发生低温冰冻雨雪灾害，对交通运输、电力传输、通讯设施和人民群众生活造成严重影响和重大损失，受灾人口达 1 亿多，直接经济损失超过 1100 亿元，南方部分城市运行处于半瘫痪状态，社会生产生活秩序受到严重影响。

气象灾害造成正常生产活动受阻或生产秩序混乱，浓雾、沙尘暴、结冰、积雪等这些过去比较常见的天气现象，现在都可能酿成重大灾害。如浓雾、沙尘暴天气可能造成飞机停航、公路关闭而引起交通秩序混乱；雨天、雪天可能造成交通事故急增，危害乘客安全。随着社会经济的快速发展，潜在的气象灾害还将继续增加，人们对气象灾害的认识还在进一步加深。

(2)制约区域经济发展。气象灾害制约易灾地区的经济发展,也会严重影响一些地区的投资环境。在大范围旱灾频发的地区,重要工业和需要消耗大量用水的工业就难以发展,即使已经建成的工业企业,也会因缺水而影响正常生产。在易受洪涝灾害的地区,一般不会把一些重要的和上规模的工业企业建立在易受洪涝灾害的地区。在洪涝灾害易发地区,即使正常的经济生活也会因洪涝灾害而造成生产中断。如湖北荆江河段面对严重的洪涝灾害形势,防灾减灾需投入大量人力、物力和财力,在20世纪80年代、90年代该地区的农民每年防汛修坝负担占生产用工的30%,修坝费用占生产开支的20%,防汛多是农忙季节,如果发生严重灾害,就会造成严重的经济损失。气象灾害对国民经济产业影响最大的是农业,其次是工矿业、交通运输业、邮电业、建筑业等。以农业为例,由于受严重旱涝灾害影响,如湖北粮食产量基本上每十年"五增三减二平"一个周期,棉花产量基本上每十年"五增四减一平"一个周期,在风调雨顺的年份,农作物就增产,一遇水、旱、低温等灾害,农作物就减产。

(3)威胁城乡居民生命安全。气象灾害对人民生命也构成严重威胁,气象灾害直接摧毁人的生命,如洪水淹毙、泥石埋压、雷击致死、冰雹扎毙、沙暴掩埋、飓风致亡等等;气象灾害间接摧毁人的生命,如气象灾害引起房屋倒塌、广告牌倒塌造成人员伤亡,由于气象原因直接或间接引起空难、翻船、翻车、撞车、火灾等造成人员伤亡等;极端气象要素直接威胁人的生体机能致人死亡,如极端高温热浪致人死亡,人体受冻而死亡,极端气象变化引起人体病变而导致死亡;气象灾害通过影响人们的食物安全而威胁人的生命安全。最突出的是旱灾,它并不直接摧毁人的生命,但长期的干旱使生产用水和生活用水断绝来源,农田缺水灌溉,农业绝收,造成食物短缺而引发饥荒,人口大量死亡。

(4)破坏社会生产生活秩序。我国处在季风气候带,气象灾害具有多发群发的气候特征,历史上频繁而严重的气象灾害,经常造成大量人口死亡,给人民带来深重的劫难,对国家经济、政治以及社会生活造成重大影响。因此，防御和应对气象灾害，在中国自古就是重大政治问题。严重的自然灾荒对社会生产力造成极大破坏，在政治上可能引发更可怕的后果。历史上曾发生的灾荒造成人口迁移死亡，极易破坏社会秩序，甚至引发民变、起义，动摇和颠覆政治统治。

根据史料统计，从公元前 1122 年至公元 1937 年的 3059 年间，我国共发生水灾 1053 次，旱灾 1066 次，雹灾 550 次，风灾 518 次，雪灾 203 次[48]。每次重大气象灾害总会造成大量人口死亡。从公元 22 年至 1986 年，我国发生特大旱灾 48 次，累计死亡 2773 万人，每次平均 57. 8 万人[49]，其中发生在 1876 年至 1879 年（光绪二年至四年）华北特大旱灾，持续时间长，灾害范围广，造成灾区民众无任何粮食可以充饥，出现了“路人相食，家人相食”的惨状，这次特大灾害造成 1000 万人死亡。

气象灾害是一种自然发生的现象，社会矛盾激化是社会利益关系相互冲突的产物，二者之间的联系并不直接。但在一定社会条件下，它可能起到加剧或激化社会矛盾的作用。中国封建社会各朝代，当处在朝代末期时，一方面统治集团内部的矛盾比较激化，另一方面又加深了对人民的压迫与剥削，一旦遇到发生大范围的气象灾害，就可能加剧社会矛盾，由此引发农民起义，甚至可能发展成为推翻一个王朝统治的起点。在我国历史上，有许多因为天灾和人祸相交织，最后引起国家政治动荡，造成统治政权被摧毁的事件。

（5）严重破坏社会心理系统。人民生命财产安全，是保持社会政治稳定的基本条件，社会心理系统也相对稳定，社会道德能发挥其应有功能。如果人民群众的生命安全受到危急，正常的社会秩序就会受到冲击。社会政治秩序和社会心理系统既受到社会内在矛盾运动的影响，也受到自然运动的挑战，特别是频繁发生的气象灾害，经常对人民生命安全构成威胁，在社会政治生活秩序受到灾害冲击时，社会心理系统也会因此受到冲击。

在人类历史形成的过程中,气候对社会政治秩序和社会心理系统的影响比较复杂,气象因素总是与社会的、政治的、经济的因素交织在一起共同作用于社会,但在以往的分析研究中,考虑自然气象因素较少。历史事实应当是气象对人类社会发展和国家政治稳定,可能造成不可估量的影响,但气候原因并非根本性的决定因素。在中国历史上,因特大气象灾害而造成社会精神崩溃引起社会政治动荡事件屡有发生,历史上多次农民起义,尽管根本原因在于残酷黑暗的封建专制统治制度,但气象灾害叠加无疑在一定程度上激化了社会矛盾,加剧了社会矛盾的对立进程。有人在总结清代历次叛乱时称,尽管原因很多,但参加叛乱之群众,则莫不由于灾荒饥饿而使社会心理系统受到严重破坏和扭曲所致。

5.1.2　极端天气对生理心理的影响

气候变化最突出的反应之一,就是包括台风(热带风暴、强热带风暴)、暴雨(雪)、雷暴、冰雹、大风、沙尘暴、龙卷、雷电、浓雾、高温、低温、连阴雨、冻雨、霜冻、结(积)冰、寒潮、干旱、干热风、热浪等极端天气现象将会明显增加,随之而来的台风、干旱、洪水、暴雪和冰冻等自然灾害不仅频次增加,而且范围会扩大、强度会增加。这不仅会造成重大经济损失和社会影响,而且会对人们的生理心理造成重大影响,一些经过这些自然灾害的人,就会出现恐惧、忧愁等心理问题,特别是一些体弱有病、儿童和年老人,一听灾害预警预报就会产生惧怕和紧张心理,人们紧张的心理也会因气象灾种不同而产生不同的表现。

(1)暴雨发生对生理心理的影响。暴雨是指短时内或连续的一次强降水过程,我国气象学界定,每小时降雨量达 16 mm 以上,或连续 12 小时降雨量达 30 mm 以上,或连续 24 小时降雨量达 50 mm以上的降水称为“暴雨”。暴雨按其降水强度大小又分为三个等级,即 24 小时降水量为 50 ~ 99.9 mm 称“暴雨”,100 ~ 200 mm为“大暴雨”;200 mm 以上称“特大暴雨”。由于各地降水和地形特点不同，各地暴雨洪涝标准也有所不同。

在我国，暴雨洪涝灾害是危害最大的气象灾害之一。从1950年到2007年，全国因暴雨洪涝造成的农业受灾面积年均为940多万 hm^2，20世纪90年代受灾面积年均则达到1500万 hm^2，呈明显扩大趋势。如1998年发生的洪涝灾害，造成的经济损失约为2500亿～3000亿元，约占当年GDP的3%～4%。2003年夏季淮河流域发生特大洪涝灾害，安徽、江苏、河南三省受灾面积达520多万 hm^2，直接经济损失350多亿元。

与暴雨伴随的洪涝灾害，经常引起山洪暴发、江河泛滥、堤坝决口、大范围积涝，不仅会造成重大经济损失，而且会引发一系列公共安全问题，诸如生活条件恶劣、饮水和环境卫生恶化等；各种腐烂动物、植物得不到及时处理；一些有毒有害化学物质冲流入水中；蚊蝇鼠类及各种病菌的滋生和传播加快，极易发生大范围疾病传播与流行。暴雨洪涝灾害不仅带给受灾区的社会精神创伤及心理压力，而且相伴生的次生灾害会扩大社会的心理紧张。特别是在暴雨洪涝灾害中受到伤害的当事人会出现恐惧、担心、悲伤、愤怒等情绪反应，经过媒体宣传报道以后，又会使社会大众产生类似的恐惧情绪，或产生无助感，甚至丧失生活信心，或者产生迁怒政府的负面情绪。在一些城市被暴雨积水淹没的社区，居民的抱怨情绪会很强烈，社区纠纷、物业纠纷会明显增多，人们既会产生无奈感，也会迁怒于政府或第三者。

（2）梅雨发生对生理心理的影响。梅雨是指每年6月中旬到7月上、中旬，发生我国长江中下游或称江淮流域至日本南部，这狭长区域内出现的一段连阴雨天气，是一种常见的气候现象。由于这一时段的空气湿度很大，一些物品极易受潮霉烂，有时人们也称“霉雨”。

梅雨发生在高温、高湿天气条件下，使人体表汗液蒸发困难，妨碍人体内热向外散发，容易造成人体内积热过多，造成人体温度调节功能失常，从而使人产生头晕、胃疼、胸闷、视力模糊等症状，一般人则会产生一种压抑感、心情忧郁、情绪低落，有的人会产生烦乱和报怨情绪，一些有精神障碍的人会加重反应。同时，在梅雨期天气潮湿条件下容易发生霉菌，容易使人呼吸道产生感染，吃到一些霉菌污染食物，也会引发疾病。在梅雨期，一些风湿病患者还会出现关节疼痛、四肢无力的症状，这类人还会因为天气原因产生沉重的心理负担。一些呼吸道患者会产生呼吸困难，极易引起旧伤复发。在梅雨期的高湿度、低气压天气，还容易使人的血管收缩、血压升高，从而诱发心肌梗死、脑中风等疾病。

(3)低温寡照发生对生理心理的影响。低温寡照是指长时阴沉、日照偏少、气温偏低的天气。长期阴雨天气，有些人容易犯困，有些人的情绪容易低落，一些患有忧郁症的病人，病情也容易复发和加重。现代医学研究表明，因为阴雨天气下光线弱，人体分泌的松果激素较多，这样甲状腺素、肾上腺素的分泌浓度就相对降低，人体神经细胞就不活跃，人也就会变得无精打采，情绪波动，如烦躁、郁闷、发怒等。

长期低温寡照会影响人体的钙吸收。体钙的吸收代谢与维生素 D 有着密切的关系，如果维生素 D 缺乏，就会对钙磷代谢和成骨局部产生不良影响。阳光中的紫外线是人体生成内源性维生素 D3 的来源之一，也是促进钙吸收的重要条件。如果长期寡照，人体接受的紫外线光照就比较弱，再加之没有充足室外活动，或在室外活动时皮肤暴露少，这就容易影响人体内源性维生素 D 的生成，从而影响人体对钙的吸收，婴儿还可能患佝偻病。

(4)雾霾发生对生理心理的影响。雾是在水汽充足、微风及大气层稳定的情况下，近地面空气中的水蒸汽过度饱和凝结成细微的水滴悬浮于空中，使地面水平的能见度下降的一种天气现象，一般水平能见度小于 1 km。霾是近地面层大量烟、尘埃等悬浮颗粒均匀游浮在空中而形成的混浊现象，霾的核心物质是空气中悬浮的灰尘颗粒，气象学上称为气溶胶颗粒。在许多时候雾、霾相融，难以明显区分，因此一般情况下将之称为雾霾天气。出现雾霾天气现象时，空气比较混浊，颗粒物污染较为严重。近些年来，我国城市污染日趋严重，人口膨胀和汽车尾气排量飙升，使得出现雾霾天气的频次和强度呈上升趋势，这种天气对人体生理心理健康都会产生很大影响。

雾天气，由于空气中水汽含量非常高，可能对人体生理产生影响，因为雾滴中含有大量酸、碱、盐、尘埃、病原微生物等有害物质。这些夹杂着污染物的空气，会随着雾气一起被人体吸入，使人体呼吸系统和眼部产生较大刺激，很容易引起咽喉炎、气管炎和结膜炎等疾病；有的人还会产生胸闷和压抑的感觉。另外，现代交通对天气依存度很高，一旦出现大雾天气，机场、高速公路、码头、城市交通等都会实行管制，或停止通行通航，这就会造成大量人员在途中滞留，滞留时间长了这类人群的情绪就会出现波动，有的甚至产生焦虑，在一些地方有的人员还会出现情绪失控而引发冲突。

霾天气对人体身心健康的危害比较直接，因为霾的组成成分包括有数百种大气化学颗粒物质，其中有害于健康的主要是直径小于 10 微米的气溶胶粒子，如矿物颗粒物、海盐、硫酸盐、硝酸盐、有机气溶胶粒子、燃料和汽车废气等，它能直接进入并黏附在人体呼吸道和肺叶上。尤其是亚微米粒子会分别沉积于上、下呼吸道和肺泡中，很容易引起鼻炎、支气管炎等病症，长期处于这种环境还会诱发肺癌。霾天气还可导致近地层紫外线减弱，易使空气中传染性病菌的活性增强，导致传染病增多。阴沉霾天气容易让人产生悲观情绪，使人精神郁闷，甚至情绪失控。由于霾天气对人体危害比较直接，有些人已经产生了霾天气过度紧张症，一旦出现霾天气不仅会产生心理紧张、报怨情绪，而且会产生过度防护行为，但也未必能收到相应效果。一般人也会产生埋怨情绪，或通过日常口头谈论进行发泄，或通过社会媒体发表看法。当然，在一些年轻人中也会因为对霾天气不满意或不适应而在择业时放弃雾霾较严重地区的情况。

（5）沙尘暴发生对生理心理的影响。沙尘暴是指强风将地表沙尘吹起,使空气变得混浊,且水平能见度小于 1 km 的天气现象。当能见度小于 0.5 km 时为强沙尘暴。除自然地理气候因素外,我国沙尘暴的发生还与气候变化和土地不合理开发、不合理耕作有关。随着经济社会发展,在我国西北和华北地区也出现土地大量开垦、草原过度放牧、自然植被受到人为破坏的现象,形成了大量裸露、疏松土地,为沙尘暴天气的发生提供了自然条件,一遇大风便会发生影响社会经济活动、危害居民身心健康的沙尘暴。

沙尘中的浮尘,通常被称为“可吸入微粒”,其粒小体轻,因而能在大气中长时间飘浮,能侵入人体肺泡,并以碰撞扩散、沉积等方式滞留在人体呼吸道内。人们如果长期生活在颗粒物污染环境中,人体免疫功能会受到明显抑制,可能导致呼吸系统抵抗力下降,呼吸道系统患病率会明显增加。长期生活在受到沙尘和荒漠尘的严重污染的地区,当地居民存在罹患风沙尘肺的危险性就比较高。

沙尘暴天气发生时,会直接对人体产生影响,有的人会出现流鼻涕、流泪、咳嗽、咳痰,以及气短、乏力等短期症状反应;有的人也会出现较重的生理心理反应,如出现胸痛、胸闷、头疼、头晕等症状。同时,在沙尘暴多发季节,天气多干燥,加上扬尘,人体皮肤表层的水分极易丢失,造成皮肤粗糙。尘埃进入毛孔后易发生堵塞,可能会引发痤疮,过敏体质的人还容易发生各种过敏性皮炎及皮疹。沙尘暴天气常造成空气中负氧离子减少,使一些对天气变化高度敏感的人产生情绪紧张;还由于能见度低,空气混浊,使人容易产生压抑和疲倦感觉。

(6)风灾发生对生理心理的影响。风灾,是指因大风、暴风、台风或飓风过境而造成的灾害。大风,一般是指高出地面 10 m,平均风力达 6 级或以上(即风速 10.8 m/s 以上),瞬时风力达 8 级或以上(风速大于 17.2 m/s),对人们经济社会活动产生严重影响的风。有的也专指 8 级风,相当于风速 17.2 ~ 20.7 m/s。暴风是指平均风速在 28.5 ~ 32.6 m/s 的风,一般持续时间较为短。台风是指发生在太平洋西部海洋和南海海上的热带空气旋涡，风力经常达到10级以上，同时伴有暴雨。龙卷风是指风力极强而范围不大的旋风，它生成于积雨云中下伸的漏斗状云体。龙卷风尺度很小，中心气压非常低，水平气压梯度很大，从而导致强烈的风速，往往能达到100 m/s以上，破坏力极大。飓风是指发生在大西洋西部的热带空气旋涡，是一种极强烈的风暴，平均风速大于32.6 m/s。

大风的破坏力很大，一场严重的强力大风或台风，不仅会严重破坏房屋、通信设施、电力设施、交通设施，造成许多交通车辆、船舶和海损事故，大量摧毁树木、农作物，还可能造成大量人员伤亡和失踪。以台风灾害为例，据统计，从1949年到2010年，在我国登陆台风共有432个，共造成36106人死亡，平均每年死亡达592人。[50]风灾会对人们心理可造成重大创伤。

在一场巨大的风灾来临时，往往会出现风向变幻无常，风力肆虐，民众往往措手不及，或被风吹倒，或被倒塌的建筑或物体埋压，或被吹入深沟或塘堰而失踪，这样的风灾情境十分恐怖。风灾过后，一些经历过此情景的人，在心理上往往无法摆脱灾害的阴影，有的人会在很长时间都有惊慌害怕、焦躁不安、心情低落之感，总担心会有可怕的事情发生，情绪波动不稳定。在发生风灾的天气中，由于空气流动和空气密度的急剧变化，一些对天气变化非常敏感的人，还会出现气短、胸闷、呼吸困难、耳鸣、视力模糊等症状，一些儿童还会表现出情绪异常激动。

另外，还有一种叫焚风，即出现在山脉背面，由山地引发的一种局部范围内的空气运动，过山气流在背风坡下沉而变得干热的一种地方性风。这种风对人的心理也会产生明显影响，出现焚风天气时，空气中会产生大量的正电离子，正电离子会直接影响人体的细胞活动，干扰神经元之间的正常传递，从而影响人的情绪和行为，有许多人会出现疲倦、抑郁、头痛、脾气暴躁、心悸和浮肿等不适症状。

(7)雷电发生对生理心理的影响。雷电是大气中的一种放电现象,伴有闪电和雷鸣。放电过程中,由于闪电通道中温度骤增,使空气体积急剧膨胀,从而产生冲击波,导致强烈的雷鸣。雷电灾害是指因雷击或雷电电磁脉冲入侵和影响造成的人员伤亡或物体受损等不良社会后果的事件。

雷电对人体的伤害,有电流的直接作用和超压或动力作用,以及高温作用。当人遭受雷电击的一瞬间,电流迅速通过人体,重者可导致心跳、呼吸停止,脑组织缺氧而死亡。另外,雷击时产生的火花,会造成不同程度的皮肤烧灼伤。雷电击伤,亦可使人体出现树枝状雷击纹,表皮剥脱,皮内出血,也能造成耳鼓膜或内脏破裂等。

我国地处温带和亚热带地区,雷暴活动十分频繁,全国有 21 个省会城市,雷暴日均在 50 天以上,最多的达到 134 天[51]。随着我国经济社会的发展以及现代化程度的提高,雷电灾害对电力、石化、通讯、交通、航空等各个重要行业及领域的危害程度日益加大,对人民生命财产安全,特别是广大农村居民生命安全构成严重威胁。据统计,从 1997 年到 2006 年,全国因雷击造成直接经济损失在百万元以上的雷电灾害事故就有 200 多起,每年因雷击造成上千人伤亡。仅 2006 年,全国就发生雷电灾害 19982 起,其中,雷击伤亡事故 759 起,造成 1357 人伤亡,全年因雷击引起的火灾或爆炸事故 234 起。雷电灾害严重威胁着公共安全和人民生命财产安全。

从总体上看,雷电对人体伤害的几率较小,但对人们心理产生的影响却非常大。有的人特别害怕雷电,听见雷声或看到闪电心脏跳动加快,并出现胸闷、盗汗现象,情绪很不稳定;有的人甚至在雷雨之前就开始紧张,并伴随有胸闷、气急、腹痛、出虚汗和心慌现象;有的人在听到雷声就捂住耳朵或者躲到认为很安的地方;有些特别严重的人可能还会患上恐雷症,总感到雷电是冲着自己来的,担心雷电在身边爆炸。在一些农村还存在被雷击死击伤是对个人做了坏事的报应。

(8)干旱发生对生理心理的影响。干旱通常是指淡水少，不足以满足人的生存和经济发展的气候现象。旱灾是指因气候异常干旱而形成的气象灾害，由于干旱天气在很长时期内，降水量严重偏少，致使土壤因蒸发而水分亏损，河川流量减少，因缺水而破坏农作物的正常生长和人类正常生产生活。干旱灾害天气不仅影响农作物生长，同时也影响人们身体心理健康，引发多种疾病。

从整体上看，我国干旱灾害呈现面积广、分布不均，发生频繁、持续时间较长、旱情严重等特征。旱灾年平均成灾面积：20 世纪 50 年代为 518 万 hm^2，60 年代为 799 万 hm^2，70 年代 856 万 hm^2，80 年代 1129 万 hm^2，90 年代达到 1194 万 hm^2，2000 年以来达到 1553 万 hm^2。全国干旱灾害受灾面积呈明显增大趋势。

长期干旱造成人畜饮水困难时，人们的生产生活用水失去保障，不仅会造成农作物经济损失，还会产生严重的社会焦虑情绪，相邻之间、家庭成员之间，极易为用水产生矛盾和纠纷。在一些干旱特别严重的地区，社会不稳定情绪会明显上升，不确定性的情绪性冲突会有明显增加。还由于旱灾会造成农业生产歉收或绝收，一些完全依赖于农业收入来源的家庭或个人会产生对生产和生活的绝望，情绪会非常悲观。

干旱天气容易诱发人体泌尿系统疾病。因为天气干燥，人体水分可以直接通过皮肤表面蒸发，如果不及时给人体补充水分，特别容易引发泌尿系统结石，或前列腺疾病。干旱天气也容易引发皮肤瘙痒和过敏，一些人会产生皮肤瘙痒，甚或导致皮肤发炎，引发湿疹、脱屑、皮肤变薄，甚至细菌感染。干旱天气有时还会伴随高温发生，特别容易使人出现心神不宁、容易发火，甚至出现性情狂躁等症状。

(9)高温热浪发生对生理心理的影响。人们一般把日最高气温≥35℃作为高温日，连续 3 d 以上的高温天气称为高温热浪。高温热浪一般分为干热型高温和闷热型高温 2 种类型[52]。干热型高温一般出现在我国华北、东北和西北地区的夏季。表现为日最高气温高、日最低气温较高、昼夜温差小、太阳辐射强、相对湿度较小的高温天气；闷热型高温一般出现在我国沿海及长江中下游以及华南等地区。

高温天气对人的生理心理影响很大。因为在高温天气条件下，人的生理变化起伏较大，高温会引起人的毛细血管扩张，血管膨胀，血液流动加快，这一系列生理的反应会导致心脏负荷加重，身体能量开始加剧消耗，从而影响到对人脑部供血下降，有的人就会开始产生头晕感觉。在高温热浪发生的早期，一般来讲人们生理心理对热浪的适应性还比较低，如在夏季初发生热浪天气，死亡率就会明显增加。

人们生理心理对高温热浪的适应，与气温升高状态有关。一般来讲，如果高温是陡然而致，那么人体生理剧烈的反应，就会导致人的情绪变化，在人体还不能很快适应的情况下，人就会通过烦躁、焦虑的情绪反映出来。如果气温上升较缓慢，人的生理变化就较小，人的心理适应就能放缓，情绪体验就会相应降低。但是，如果高温时间过长，也会降低人对高温的忍受性，人会表现一种狂躁或暴怒的情绪。有研究表明，当气温超过 35℃、日照超过 12 小时、湿度高于 80%，人体往往会处于“易激惹状态”，稍不顺心就容易上火发怒，有的人还会失去情绪控制。这种“情绪中暑”不仅会影响个人生活，个人还容易以抱怨、责备甚至暴力方式释放。因此，在夏天发生吵架、打架和暴力的事件相对较多。

高温热浪天气对人心理的影响，主要是因为天气炎热会加剧人的心理紧张，促使机体肾上腺素及去甲肾腺素分泌增加，导致兴奋性过高。一些老年人，则会由于发火生气而导致心肌缺血、心律失常、血压升高，甚至发生猝死现象。一些在热环境中活动的人，由于高温环境的热作用可能致使人的机体体温调节功能减弱，造成热平衡系统破坏而出现中暑。一些处在热环境中劳动的人员，随着高温作业所致的体温逐渐升高，运动神经兴奋性会明显降低，人体会感到不舒适，并产生困倦感、厌烦情绪、身体无力等感觉。这种情况下，人就会出现注意力不集中、操作准确性与协调性降低，反应迟钝，极易发生工伤事故。

（10）雪灾发生对生理心理的影响。雪灾是指因长时间大量降雪造成大范围积雪成灾，影响人们正常生产生活的一种自然灾害现象，雪灾有时还会伴随低温冰冻灾害。我国雪灾主要发生在青藏高原、北疆、内蒙古和东北一带地区，其他地区也时有发生。如 2008 年初，我国南方发生 50 年一遇的特大低温雨雪冰冻灾害，这次灾害天气过程持续时间长，长江中下游及贵州雨雪日数为 1954/1955 年以来历史同期最大值；冰冻日数为历史同期次大值，贵州 43 个县（市）的冻雨天气持续时间突破历史记录，江淮等地出现 30 ~ 50 cm 积雪，贵州、湖南的电线积冰直径达到 30 ~ 60 mm。全国有 14 个省区的降雪天数，均为 1951 年以来历史同期最高值。

现代发生雪灾造成的社会影响远超出农业时代的影响。因为一旦发生雪灾，就会造成交通中断，不仅使人员流动受到影响，而且整个物流系统和能源流系统都会受到冲击，使整个社会处于高度的精神紧张状态。如 2008 年 1 月发生在南方一场特大雪灾，在雪灾发生 20 天的时间，低温雨雪冰冻灾害造成了 107 人死亡，8 人失踪，累计救助铁路公路滞留人员 192.7 万人，直接经济损失 1111 亿元人民币，雪灾造成了整个社会的心理高度紧张。特别是被雪灾滞留在途中的人员，心理压力很大，有些人会出现心理失衡、意志失控、情感紊乱等心理危机。如果不能及时疏导，往往会产生绝望、无助、抑郁等心态。

严重雪灾可直接造成城乡居民冻死冻伤，如果伴随低温冰冻，还会发生跌伤摔伤；当低温冰冻雪灾严重影响交通时，更容易造成许多人的心理焦虑。雪天还会引发雪盲症，当在雪后天晴时，由于太阳光紫外线经雪地反射到人眼的角膜，从而会引起角膜损伤，便有可能发生雪盲症，使人的眼睛畏光、流泪、奇痒、刺痛、水肿、异物感等。降雪后大幅降温，一些处于亚健康的人，其身体很难适应，更易诱发或加重多种疾病。

(11)寒潮发生对生理心理的影响。寒潮是指来自高纬度地区的寒冷空气，在特定天气形势下迅速加强南下，这种冷空气南侵过程达到一定强度标准的称为寒潮。寒潮是一种大范围的天气过程，可能造成大范围的剧烈降温、大风和雨雪天气。在全国绝大多数地区都有可能发生，并可引发霜冻、冻害等多种自然灾害。

寒潮发生时通常伴有剧烈的降温、大风、雨雪或冻雨，这种大风降温天气非常容易引发感冒、气管炎、冠心病、肺心病、中风、哮喘、心肌梗死、心绞痛和偏头痛等疾病。因为大风降温，人的鼻咽局部黏膜会变得干燥，以致发生细小的破裂，会使感冒病毒乘虚而入；再加上呼吸道受强冷空气刺激，局部血管收缩，使黏膜分泌的免疫球蛋白相对减少，为感冒病毒入侵提供了有利条件。特别在寒潮袭击前后几天内，平均气温和最低气温骤降，人的体温调节功能还难以适应突如其来的寒冷刺激，特别容易受凉，人就很容易患上感冒，也非常容易诱发慢性气管炎、支气管哮喘等呼吸道疾病。特别是一些身体处于亚健康的人群，对寒潮天气有一种恐惧心理，一听有寒潮来袭，心理就特别紧张，非常担心旧病复发，有一些享受公费医疗的老人在家里没有防寒设施情况下干脆提前住进医院。

“寒潮”容易使心血管病复发，根据一些医务工作者的实践，多数心肌梗死患者和冠心病患者，在寒潮天气时病情会加重。特别在每年的 11 月份，是急性心肌梗死发作的高峰期之一。每年 11 月份也正是我国冷空气最活跃的月份之一，月内平均变温(即气温的变化幅度)可达 7 ~ 10℃，为一年中最高月份之一。因此，有专家认为“变温”可能是诱发心血管病最重要的气象指标。一些有心血管病史的患者对寒潮天气特别敏感，一听说气象台报有寒潮，心理就特别紧张，这反而又会推高心血管病的复发。

5.2　气候变化对人体健康的影响

气候变化对人类身体健康,除因极端天气事件造成的影响外,还可以通过不同途径对人类健康产生广泛影响。因为气候变化能引起自然环境系统变化、生态系统变化,这些系统变化又会反作用社会系统,从而对人类身心健康造成影响。

5.2.1　气候变化对人体造成伤害途径

气候变化对人体健康的影响可分为直接影响和间接影响。直接影响主要指由于气候变化引起的高温热害、低温冻害、洪水、雷电、持续阴雨等带来的影响;间接影响是指由气候变化导致生物过程和节律的变化、物理系统和过程的变化及生态系统结构和功能的变化等方面引起社会、经济和人口的衰退,使人体健康发生不同程度的恶化。

(1)气候变化造成的直接侵害。气候变化增加疾病发生和传播的机会,危害人类健康,对虫媒性疾病的发生和发展产生了很大影响,危害范围扩大。如气候变暖可导致我国疟疾流行地区态势发生变化;钉螺分布的界限北移,血吸虫病流行区范围扩大,而且钉螺感染季节延长,感染率增高[53];CO_2加倍情况下,草原面积的扩大将使鼠疫疫源地面积增加40%左右,受威胁人口也会相应增加[54];洪涝灾害后,感染性腹泻如霍乱、痢疾、伤寒、副伤寒增加,血吸虫病传媒扩散加快。气象要素变率加大将导致呼吸系统、心脑血管病发生频率增多,危害加重。预计气候变化将增加心血管病、疟疾、登革热和中暑等疾病发生的程度和范围。

(2)气候变化造成的生物侵害。就陆地植物而言,气候变化通过改变病原体、宿主或媒介物的生物学过程对疾病产生影响。在许多地区冬季温度可对植物病原体进行控制,每年可以杀灭多达99%的病原体。冬季升温幅度越大,疾病传播范围越广,传播力也越强,使限制多种病原体数量的瓶颈失效。生长季节的延长也会使病原体数量增加。同样,温暖的气候条件也会加速病原体的繁殖。温暖的气候条件还会使植物减弱其对病菌和真菌的抵抗力。一旦气候变化改变了宿主或病原体的地理范围,有可能会发生恶性且难以预测的疾病。

对于动物而言,气候变化最易改变传病媒介的数量和地理范围,较温暖的气候条件易于病菌的分布和传播,也会加速寄生虫的繁殖和扩散。研究表明,气候变化影响人和动物的传染病范围明显扩大。[55]

(3)气候变化造成的间接事件。1)天气致因事故。气候变化可能使雪山融化和海平面上升,导致山区、海岸和海岛风景地的变迁,影响自然保护区和国家森林公园等以生态环境和物种多样性为特色的旅游景点,从而对自然和人文旅游资源以及对旅游者的安全和行为产生影响。极端气候事件如大雾、高温、山洪、低温暴雪冰冻等灾害将严重影响陆(公路和铁路)、空、海交通安全,造成人员伤亡。2)天气致因伤害。气候变暖可使空气中的某些有害物质如真菌孢子、花粉和大颗粒物随温度和湿度的增高而浓度增加,使人群患过敏性疾病如枯草热、过敏性哮喘和其他呼吸疾病的发病率增加[56]。气候变暖会加快大气中化学污染物之间的光化学反应速度,引起一些城市和地区光化氧化剂增加,从而诱发眼部炎症、急性上呼吸道疾病、慢性支气管炎、肺气肿和支气管哮喘等疾病。气候变暖可使水温升高,加重水污染程度,并延长病菌的存活期限。由于水温高,能传播多种疾病的蚊子繁殖过程也缩短。还可导致平流层臭氧减少,紫外线辐射强度增加,使白内障、雪盲、皮肤癌等疾病的发病率上升[57]。

5.2.2　气候变化与传染性疾病扩散

传染性疾病的发生与扩散除了疾病本身因素外,还与环境因素有关,其中气候变化就是影响传染性疾病发生与扩散的重要环境因素。气候变化将直接或间接影响许多传染病的传播过程，尤其是对虫媒传染病，如疟疾、血吸虫病、病毒性脑炎和登革热等的发生和传播影响更为直接，气候趋暖使海平面和海表面温度上升，通过水体途径传播疾病发病率也会增加。

（1）气候变化的影响机理。气候变暖会导致某些传染性疾病的传播和复苏。地区气候持续变暖，为虫媒及病原体的寄生、繁殖和传播创造了适宜条件，扩大了流行的程度和范围，增加虫媒繁殖速度与侵袭力和缩短病原体的外潜伏期，加重对人群的危害。气候变暖导致飓风、洪水等极端气候事件多发，会触发某些虫媒病的暴发流行。气候变化造成海平面与海水面温度升高，会导致水传染病和相关疾病发生率升高。气候变暖增加人与动物宿主的接触，病原体尤其是病毒将突破其寄生、感染的分布区域，可形成新发传染病的病原体。

（2）气候变化受影响的传染性病种

1）疟疾。疟疾是由疟原虫感染引起的急性寄生虫病，是一种经按蚊叮咬传播而感染疟原虫所引起的虫媒传染病。在夏秋季发病较多。在热带及亚热带地区一年四季都可发病，且易流行。由于疟原虫一般在16℃以下难以存活，所以疟疾分布存在地区性。从疟疾流行的分布地区来看，60°N和30°S之间都有疟疾发病。我国25°N以南地区是疟疾流行区，青藏高原等高寒地区不可能发生疟疾。

目前，全球有100多个国家有疟疾流行，约22亿人受疟疾威胁，每年有3亿~5亿人感染疟疾，因病死亡人数约为270万例[58]，大多为儿童和妇女。20世纪70年代开始，全球疟疾年死亡人数呈直线上升趋势，严重影响了一些国家和地区的经济社会发展。近年来，我国实际发病每年约为25万至30万例，但每年报告病例只有3万例左右。我国云南、海南两省的疟疾流行仍较为严重，是我国疟疾的高传播地区，抗药性恶性疟疾仍在不断向其他省、区扩散，我国中原部分省份疟疾流行尚未得到有效控制，每年都有局部暴发流行的报告。从 2006 年发病率来看,安徽(54 人/10 万人)、海南(47 人/10 万人)、云南(26 人/10 万人),位居全国的前三位。

疟疾也是全球流行最严重的虫媒传染病。疟疾在有些地区原已被消灭或控制,但现呈复发之势,这主要是由于疟原虫和传播疟疾的蚊虫已对杀虫剂产生抗药性。气候因素(如温度和湿度)直接影响疟疾的传播,温度、降水和相对湿度的变化能够通过调整疟疾媒介的行为和地理分布,以及疟原虫生命周期的改变直接影响疟疾的发生,气候变化也能通过改变疟疾传播中的媒介、寄生虫和宿主之间的生态学关系,从而间接影响疟疾的发生。温度可直接影响疟原虫的生长和蚊虫的生命周期。充沛的雨量有利于蚊虫的滋生,因此适宜的气候条件可加强蚊虫的侵袭力。有研究表明,如果不能发明和实施控制疟疾的新方法,20 年内疟疾病例将增加 1 倍[59]。

由于疟疾流行受温度、湿度、雨量以及按蚊生长繁殖情况的影响。温度高于 30℃ 和低于 16℃ 则不利于疟原虫在蚊体内发育。适宜的温度、湿度和雨量利于按蚊滋生。因此,北方疟疾有明显季节性,而南方常终年流行,疟疾通常呈地区性流行。全球气候变暖以及厄尔尼诺现象增强所引起的温度和降雨的变化,势必会影响疟疾原有的分布格局。

2)血吸虫。血吸虫是一种古老的传染病,在我国至少有 2000 年以上的历史。气温可影响血吸虫和钉螺的生长发育、繁殖和死亡,并可影响人群和疫水的接触情况。一般在低气温时(9℃ 以下),血吸虫感染不会发生,但感染几率随气温升高而增加,气温在 24 ~ 27℃ 时,血吸虫感染率可达最高。但气温过高时(39℃ 或以上),可造成钉螺死亡,血吸虫感染率反而下降。就发生季节来讲,冬季被感染的机会较其他季节为少。但春夏之交,农民与疫水接触机会增多,夏季机会更多,感染尾蚴的可能性大大增多。雨量也影响钉螺逸蚴,春季多雨,水栖钉螺增多,尾蚴也随之增多,发生感染的机会也可能大为增加。久旱无雨时,河、沟水位低落,如钉螺不随水位下降，则水里的尾蚴减少。但“久旱逢雨”时最易发生感染。

根据《全国血吸虫病综合治理水利专项规划报告》，到 2003 年底我国血吸虫疫区有云南、四川、湖北、湖南、江西、安徽、江苏 7 省（表 5. 1），共有钉螺面积 37. 9 亿 m^2，几乎占全国有螺面积的 100%；共有 323 个血吸虫病流行县（市、区），其中 150 个县（市、区）达到传播阻断标准，占 46. 4%；63 个县（市、区）达到传播控制标准，占 19. 5%；尚有 110 个县（市、区）疫情仍处于严重流行状态，病人约 84. 2 万人。但近几年来，受多种因素影响，7 省部分原已达到血吸虫病传播控制和传播阻断的地区疫情出现明显回升。在 150 个已达到传播阻断标准的县（市、区）中，有 17 个县（市、区）螺情、病情出现回升，占 11. 3%；在 63 个已达到传播控制标准的县（市、区）中，有 21 个县（市、区）螺情、病情出现明显回升，占 33%。

表 5. 1　2003 年 7 省血吸虫病病人统计表

省　份	病人数	其中		
		急性	慢性	晚期
湖南省	205461	234	199819	5408
湖北省	295383	247	290879	4257
江西省	131253	126	127468	3659
安徽省	60647	256	54751	5640
江苏省	25438	116	22541	2781
四川省	76888	58	75321	1509
云南省	46750	73	46677	0
总　计	841820	1110	817456	23254

受全球气候变暖影响，气温升高、雨水增多适宜于钉螺的生长发育和繁殖，我国血吸虫病疫情在局部地区出现回升，新疫区不断

增加，并且有由农村向城市蔓延的趋势，钉螺区扩散比较严重，人畜感染的危险性明显增加。如果全球气候继续增温变暖，血吸虫病疫情还将出现扩大之势。

3）霍乱。霍乱是由霍乱弧菌引起的烈性肠道传染病。夏秋季节流行，四季散发。典型霍乱发病急骤，重症及典型患者病死率极高。霍乱和副霍乱自 1817 年至今，世界性霍乱大流行计 8 次。

霍乱爆发流行可能部分与环境因素有关，气候变化（诸如气温升高，降雨量增加，洪水频繁，风暴增多和海平面上升等）及其与之相关海藻大量繁殖和环境恶化（如在难民营里）等可能引发霍乱流行。1991 年厄尔尼诺导致南美洲致死性霍乱爆发证明了这一点。正因为如此，霍乱流行的生态学观点越来越受到科学界的重视，即自然生态系统的失衡与霍乱大流行有关。现已知浮游植物和浮游动物是霍乱弧菌的天然储存库，为霍乱（或副霍乱）弧菌提供了栖息场所。当海水温度上升或呈富营养化时（如沿海城市向海洋排污过多），海洋浮游植物大量繁殖（如海藻泛滥造成“赤潮”）。这将有利于霍乱和其他疾病（如贝类海产品中毒）爆发流行。在流行地区孟加拉国和非洲的研究显示，厄尔尼诺现象确实对霍乱流行存在影响。

4）其他流行疾病。受气候变化影响的其他传染性疾病还有很多，如登革热、病毒性脑炎和黄热病等。随着全球趋暖，登革热分布范围可能扩大（传播登革热病毒的蚊虫易被霜冻和持续低温天气杀死）。流行病学研究表明：气温是影响登革热传播的重要因素，只要温度上升 1℃，蚊子数量就会成倍增加，且当气温升高时，病毒在蚊虫体内的潜伏期缩短，蚊虫叮咬人群的频率加快，传播登革热病毒的蚊虫分布区域也可能扩大。其他一些传染病（如出血热、钩虫病等）的传播也可能受到气候变化的影响。全球趋暖还可能增加经食物传播疾病的发生。

5.2.3　气候变化对健康造成的其他影响

人体健康与大气环境密切相关，气候变化对人体生理心理的影响具有全面性特征。除以上影响外，还可能造成以下多方面的影响。

(1)大气污染对健康的影响。空气污染已成为全世界城市居民生活中一个无法逃避的现实。大气污染影响气候变化，而气候变暖又会加速大气中化学污染物的光化学反应，增加了大气中的光化学氧化剂，会造成人群呼吸疾病和眼睛炎症的发病率升高。气温增高会促进各种次级大气污染物(如臭氧和悬浮颗粒)的产生，由这些大气污染物引发的过敏症、心肺异常和死亡的发生率就相应增加。大气污染物对人体的危害，其主要途径是人体表接触性伤害；受大气污染的食物和水被食用而中毒；污染的空气被吸入人体而致病，其主要危害见下表。

表 5.2　主要大气污染物对人体的危害

名称	对人体的影响
二氧化硫	对耳、鼻、喉、肺有强烈的刺激性。闻到有异味，可引起心悸、呼吸困难等心肺疾病。重者可引起反射性声带痉挛，喉头水肿以至窒息
硫化氢	刺激眼和呼吸器官，恶臭难闻，恶心、呕吐，影响人体呼吸，高浓度时可引起窒息而死亡
氮氧化物	刺激眼和呼吸器官，闻有异味，可引发咳嗽、头痛、头晕心悸，吸入高浓度氧化氮时可能出现窒息
粉尘	可能引发呼吸系统疾病，引发尘肺疾病；造成能见度降低，而引发交通事故
一氧化碳	头晕、头疼，中枢神经麻痹、呼吸困难，严重时会致人死亡

续表

名称	对人体的影响
氟和氟化氢	引发牙齿和骨骼病变
氯气和氯化氢	引发呼吸道和肺部疾病,可引起肺内化学性烧伤而迅速死亡

我国大气污染的情况前些年在不断加重,大气污染危害也不断在加深,社会抱怨情绪也不断高涨。在一些大气污染严重的地区,居民对污染危害的心理非常沉重,总担心空气污染了、水也污染了,说不定哪天就得上怪病,许多居民比较悲观,总有一种无奈和无助感,对大气污染排放单位的对立情绪非常突出,有时还会发生一些冲突,有的居民无奈地选择了举家迁移。

(2)气候过敏性疾病。气候变暖可能使空气中某些有害物质,如真菌孢子、花粉和大气颗粒物等随着温度增高而浓度增加,使人群中患过敏性疾病增加,一些人受气候过敏性疾病困扰,精神上也受到很大折磨。

气候变化可能改变空气中的花粉浓度,从而对一些花粉过敏者产生影响。一般来讲,花粉被吸入呼吸道后会沉积,沉积在鼻黏膜后,分泌物将花粉中的变应原分子浸出,透过粘膜屏障与抗原体呈细胞结合,从而导致一系列过敏反应。大多数患者先会出现上呼吸道过敏症状,随后出现眼痒、结膜充血、咳嗽、痰多和喘息等其他过敏症状。这类气候过敏者的发病,季节性特征比较明显,季节性发作的持续时间少则数天,多则数月,待花粉播散期一过病情可能会自然缓解。如遇连阴雨天、多雾季节、湿度较大和无风天气的时候,症状可能会自然好转,而干热多风天气时则可能加重。

气候过敏性哮喘,在气温下降,湿度降低,浮尘增加,过敏源增多时,人们在抵御寒冷的同时,如果又接触到了一些过敏源,对一些哮喘病史的人就比较容易引发这种过敏性症状。从季节上看,每年的9、10月份是哮喘病的高发季节，冬季、初春和梅雨时节也会复发。特别在秋季，冷空气活动较为频繁，每次冷空气过后，都伴随着气温、气压、降水、空气湿度的明显变化，很容易使哮喘病复发。

气候变化还可能造成一些人失眠，当气候变化时，如果一个"正常"人出现失眠症状，又查不出其他原因时，就可以考虑是否属"气候过敏"。由于气候变化可能使有的人发生神经系统功能失调，不仅可能造成失眠，而且还可能出现情绪抑郁、乏力身困、头昏、易激动、焦虑等症状。有些人皮肤过敏的发生也可能与气候变化及季节交替相关。温室气体对臭氧层有较大的破坏性，导致阳光中紫外线辐射增加，可能增加皮肤癌、白内障等发病率。

(3)气候变化引起的饥饿和营养不良。人类的食物生产来自于自然恩赐的气候条件。如果这种自然气候条件被破坏，就会发生人类食物生产中断，或出现生产能力大幅度下降，这就很容易发生饥饿和营养不良现象。全球气候变暖后，从理论讲一般中高纬度地区可能出现粮食产量增加，但在热带和亚热带只能以一些耐高温作物为主，产量会出现下降。因此，在热带和亚热带一些最贫穷地区的饥荒危机就可能增加，面临饥饿和营养不良的人口会不断增加，从而增加对疾病的易感性。从整体来看，气候变化不会明显影响全球农业产量对人类基本生活的维持，但由于气候变化引起的农业产量有明显的区域差异，这就会使部分地区发生饥饿和营养不良的状况有所加剧，从而使这部分地区居民心理压力增加，社会心理会发生严重扭曲，人们的情绪难以控制，地区性社会动乱会加剧。

(4)气象灾害引发的次生衍生危害。许多自然灾害，特别是比较严重的自然灾害发生以后，经常会诱发一连串的其他灾害，这种现象称为灾害链。在灾害链中最早发生的称为原生灾害，由原生灾害所诱发而灾害则称为次生灾害，如暴雨造成交通设施冲毁，在暴雨过后如由于交通设施损毁原因引发重大交通事故，这就是次生灾害。次生灾害一般具有后发性的特点，有时次生灾害的危害和实际损失还可能超过原生灾害。严重自然灾害发生后，还可能出现灾害扩散的泛化现象，一般称为衍生灾害，衍生灾害具有某种人为的认识、情绪或被迫因素的特点，如大旱灾害造成人们饮水困难，被迫饮用含氟量较高的地下水，从而引起高氟病，这就是衍生灾害。

极端天气气候事件可能引发许多次生灾害和衍生灾害，对人们的身体和心理健康会造成广泛影响。如气候灾害增加，可能造成农业歉收，城市人口失业，随之而来的可能会增加贫困、饥饿、流民、盗劫、死亡和社会紧张等问题，有可能引发许多社会心理问题。如根据美国有关灾害数据统计，洪水灾害发生后社会自杀率出现上升。气候灾害引发的次生衍生灾害非常广泛，而且具有重复性和长期性、复杂性特点，对人们身心健康危害很大。

第 6 章　气象对日常活动的心理影响

人的心理活动总会对具体的环境条件作出相应的反应，从而作出行为判断和选择。气象是人们从事各种生产和社会活动的背景和条件，气象条件和天气变化对人们日常社会活动会产生广泛的影响，从而对人们的心理和行为选择产生广泛影响。正是这种影响的经常性、频繁性，使人从中积累了许多适应、利用、改造和选择自然气象环境和条件的经验与知识。

6.1　气象对生产活动的心理影响

生产是人们从事创造社会财富的活动和过程，生产活动是人们最经常、最普遍的社会经济活动。人们所有的生产活动都是在一定的气象环境和气象条件下进行的，不同的气象环境和条件必然对人们从事生产活动的心理产生影响。

6.1.1　气象对生产活动心理的影响过程

从抽象意义上说，生产是在特定的技术条件下，人的劳动作用于劳动对象和劳动资料，生产人们所需要的各种物品或提供服务的过程。在这一过程中，人们会运用整个人类在改造自然和利用自然的过程中积累起来的各种经验、知识和操作技巧来改造自然物质。这里的生产具有一般的技术属性，就反应了人与自然的相互关系，是作为人类生存的永恒的自然条件而存在的。气象作为人们从事生产的环境和条件，在这一过程中对生产者的心理影响过程也相伴发生。气象对生产活动心理的影响过程，具体有三种类型。

类型之一：气象环境与条件变化：对生产活动可能产生危害的影响—生产心理反映—生产行为调整。其中对生产活动产生的危害影响，包括对劳动者产生危害（如高温、低温可能影响劳动者身体）、对劳动对象产生危害（如大风可能摧毁生产厂房）、对劳动资料产生危害（如下雨、冰冻可能影响浇灌质量）、对劳动条件产生危害（如低能见度可能影响航行）。其中任何一种危害都会对生产决策者或生产者产生心理影响或心理反映，并可能需要调整生产行为。

类型之二：气象环境与条件变化的影响有：对生产活动可能产生有利的影响—生产心理反映—生产行为调整。其中对生产活动可能产生有利的影响，包括对劳动者提高效率有利（如适宜的气温、湿度，清新的空气质量）、对劳动对象提高工效有利（如合适的气象条件使生产工具更精准、更安全）、对劳动资料提高质量有利（如晴天晾晒粮食、雨前种植树苗）、对劳动条件提供最佳保障（如晴天万里无云，有利飞机航行）。但是，作为有利的气象环境和条件必须对生产过程的全部要素发挥综合作用，在具体的生产活动中，经常会出现有利与不利的气象条件冲突。如暑热天气对农业生产争热争光非常重要，在农业生产中经常有不违农时之说，但是劳动者在暑热天气从事田间劳动气温很高，对劳动者的机体会造成伤害，人们就面临心理选择，勤劳流汗就成为农耕文明的一种品格。

类型之三：气象环境与条件突变：对生产活动可能产生危害或有利的影响—生产应急心理反应—生产行为调整。这种情况在人们实践中经常发生，特别是具有危害性气象环境与条件改变，人们的应急心理反应有时会非常剧烈，因为危害性气象环境与条件可能造成重大人员伤亡或经济财产损失，人们面临生命安全和财产安全的行为选择。

气象环境与条件对生产的影响会渗透到人们生产活动全过程，在这种过程中都伴有人们的心理活动。一般生产过程是指企业从原材料的投入开始到产品产出为止的全过程。这一过程通常又可以划分为(1)工艺过程，即直接改变劳动对象的性质、形状、大小等的过程，它是生产过程的最基本的部分，天气条件就可能影响工艺过程的质量和效率；(2)检验过程，它是产品形成的必要环节，检验不创造价值，却要花费成本，所以检验过程越少越好；(3)运输过程，即劳动对象从一道工序向下一道工序转移的过程，天气条件直接影响运输过程；(4)自然过程，指处于自然力作用下完成自身性质的过程，如酿酒的发酵过程、水泥的凝固过程，种植业生产的积温过程；(5)加工等待过程，指下一活动不能连续进行所发生的停留与等待。为了降低自然气象环境和条件对生产过程的影响，人们创造了各式各样的小气候环境，有的生产活动需要恒温恒湿、有的生产活动需要无光透气、有的则需要采光保温、有的则需要防湿防尘等等，以保障不同生产活动所需要的特殊气象条件。但是，从目前科学技术能力来看，人们绝大多数生产活动还需要在自然气象环境和条件中进行。

6.1.2 气象对高风险生产活动的心理影响

气象高风险生产活动是指生产活动的安全和效益对气象环境和条件依存度很高的生产活动，遭遇生产安全的风险几率高、风险造成的损失比例高。如传统的种植农业是比较典型的气象高风险行业，一年、一季和一日的生产活动都伴随着农民非常复杂的心理活动，有时一季的辛勤劳动可能被一日的气象灾害所毁损。我国是世界上农业气象灾害最为严重的国家之一，在各种农业灾害损失中，农业气象灾害占60%以上，每年约有三分之一的农作物受灾，成灾面积最多年份达到5000万hm^2左右，粮食损失平均每年约1000万t左右。

人们从事气象高风险生产活动的心理比较复杂，一般来讲，人们首先会经过试错性心理开展生产活动，当风险达到或超过预期程度后，人们就会产生放弃心理，停止相关生产活动。如围湖造田从事粮食生产，但是经过反复实践，每年都会被湖水上涨所淹没，人们就自然会放弃这种生产活动行为。又如人们试图把双季或三季粮食种植农业线北移,但在自然状态下的试验结果,由于受自然气候条件限制,其产量或产值并不如一季性生产好,同样人们也会选择放弃。

人们从事气象高风险生产活动运气心理反应比较明显,因为风险是反应事件成功与失败的一种概率,既有风险,也有机会。如果只有成功和失败的两个极端,也许人们都会去做或都不会去做。显然,风险具有不确定性,气象高风险生产活动同样具有不确定性,人们很可能抱有一种运气心理从事气象高风险生产活动。如利用江河滩地从事种植农业生产活动,江河滩地多为无主之地,土地肥沃,地势平坦,不用灌溉,如果涨水季节迟来,播下种子就可能获得很好的收成。但雨水时来的季节不好把握,多数年份可能没有收获,而一旦遇上气象好年景,哪怕九年无收,只要一年有收不仅可能补回九年的损失,而且还有新收获。正是这种运气心理的存在,气象高风险性生产活动才得以延伸和保持。

从总体而言,传统农业是气象高风险产业,但人们不可能放弃农业生产,也不能完全凭运气。因为农业是国民经济基本生产部门,是国民经济基础,农业生产与人类基本生活关系密切,它为人类提供了吃、穿、用的物质资料,要保证全社会成员的物质生活需要,它是工业、商业和交通运输业等其他部门发展的基础。在人们心理上不能选择放弃和碰运气的情况下,气象对农业生产活动的心理影响就显得更为复杂和广泛,一般来讲会产生以下心理现象。

(1)预防心理。所谓预防就是预先做好防备,人们通过一系列的心理预防活动,然后产生预防行为,并在应急或灾害发生时发挥作用,以减轻或降低或避免可能发生的风险。气象高风险生产活动必然伴随着预防心理的产生,并通过有意识的预防行为降低气象灾害风险程度。在农业生产活动中,人们的预防心理发挥了重要作用。

在传统农业社会,农业生产是人们最经常、最广泛的社会经济生产活动。人们在农业生产实践会遇到各种各样气象灾害风险，不断强化了气象灾害预防心理，同时不断强化了气象灾害防御意识，中国古代非常重视防御自然气象灾害，认为防灾是君王贤相之事，如《荀子》曰："岁虽凶败水旱，使百姓无冻餒之患，则是圣君贤相之事也"；[60]"岁虽凶败水旱，使民有所耘艾，司空之事也"[61]；"水旱未至而饥，寒暑未薄而疾，袄怪未至而凶～受时与治世同，而殃祸与治世异，不可以怨天，其道然也"[62]。这种强调由国家组织和重视防灾的思想观从古代一直传承到当代。并由此创造了许多气象灾害防灾措施和技术，如蓄水防旱工程、提水灌溉工程、筑堤防洪防涝工程，以防御气象旱涝灾害，降低农业气象灾害风险。在农业灾害预防心理支配下，当代还创造了更多降低气象灾害风险的农业技术，如推广地膜覆盖技术、玉米抗旱种衣剂的技术、农业干旱综合防御技术、农业"避霜、抗霜、减霜"综合防霜技术等等，而且在农业气象灾害预防心理的作用下，还将进一步产生更多的防御新技术和新措施。

(2)广种心理。广种是指以面积大和品种杂的方式广泛种植，以面广或杂种而获取效益，面广可以弥补局地损失，品种可以避免单一品种的灾害损失。预防农业气象灾害只是可能避免或降低灾害损失，并不可能完全避免灾害损失发生，特别是在气象条件比较恶劣的环境中，如果防御成本很高或者没有更有效的防御手段和技术，人们从事农业生产活动往往产生一种广种薄收的心理，也就是一种粗放种植。这种心理在农业生产力低下的情景下比较普遍，现在一些自然条件差的地区仍然存在，以通过广种方式扩大面积来弥补局部因气象灾害造成的损失。广种心理，还包括一次遭遇灾害以后，立即进行土地再利用、再种植，不断地重复农业生产活动，哪怕是重复受灾，而且还要根据季节不断地变换品种，农、副、渔、果、药、杂、特全部上。在农业生产力有限的条件下，人们只有通过广种才可能获得满足生活所需要的粮食。广种心理对农耕文明的民族心理具有广泛而深刻影响，在当今中国农业向专业化探索的道路上,存在于中国农民身上的广种心理根深蒂固,正是这种广种的心理支配,总能找到与自然气候相适应的种植品种,如果气候发生变化,相应的农业生产也随之调整。因此,能够使中国农民深感骄傲的就是凭劳动吃饭、靠土地谋生,因为通过广种总能够获取自己所需的生活食物资源。

(3)储备心理。储备多指把物资储存起来以备应用,对气象灾害高风险的农业来讲,就是把粮食储存起来以在粮食生产可能因气象灾害中断时而备用。粮食是人们生活中的必需品,粮食生产可能因气象灾害风险造成中断,但人们对粮食的消费一天也不能中断。因此,在农业社会粮食储备是人们普遍存在的心理现象。

我国是一个农耕文明著称于世的国家,农业生产收获呈季节性和风险性波动特征,人们的生活每日都不能中断。因此,国民具有普遍的储备心理,储备意识也不断被国家所强化。我国古代特别提倡和强调积谷节用。如《墨子》曰:“夫妇节而天地和,风雨节而五谷孰,衣服节而肌肤和。”[63]《荀子》曰:“明主必谨养其和,节其流,开其源,而时斟酌焉”,“年谷复熟,而积有余”。[64]汉贾谊《论积贮疏》曰:“夫积贮者,天下之大命也。苟粟多而财有馀,何为而不成?以攻则取,以守则固,以战则胜。怀敌附远,何招而不至?”“蓄积足而人乐其所矣。”[65]在家喻户晓的《增广贤文》中就有“养儿防老,积谷防饥”,“池塘积水须防旱,田土深耕足养家”的教诲。长江中游地区在一些老年人中至今还流传有“家无半年存粮,荒年饿断饥肠”,“每餐节约一把米,以备青黄不接时”之说。这种备灾荒思想至今仍在传承。

我国正处在一个由传统农业文明社会向现代工业文明社会的转型时期,但农业文明社会长期形成的储备心理仍然在发挥着基础性社会心理作用,农民存粮、市民存钱现象还广泛存在,尽管有许多专家和学者认为应当鼓励人们消费,减少存粮存款,甚至还有一些专家认为,大量存款主要是一些消费处于饱和或基本饱和的人群。其实不然,收入越低越没有保障的人群具有更强的储备意识，即使一些消费处于基本饱和的人群也难以超越这种储备心理。农业文明社会遗存下来的储备心理意识，是今天人们乐于存款现象存在的社会思想根源，这种思想意识走向极端也是一种容易产生过度财富积累心理的社会思想基础，更多的中国人还不可能像西方人那样“月光族（工资月月花光）”。这种特有的储备心理和储备意识是西方社会许多学者和专家难以理解的。

(4)不屈心理。不屈是指在灾害和困难面前不屈服、不低头，表现十分顽强不屈服。当人们遇到一种灾害风险在不可能选择放弃、回避和逃避时，更多人就会选择以不屈的精神状态进行面对。无论在传统农业社会或是处于工业文明社会，农业生产活动存在很大气象灾害风险，作为社会整体人们不可能放弃农业生产，也不可能回避和逃避各种自然气象灾害，人们必须表现出不屈精神状态而正视农业气象灾害。要不断获取维持生命的食物资源，这是人类追求生存的根本动力。当人们的食物资源非常容易获得时，可能就不会去从事风险很大生产活动。事实上，原始社会食物不足是当时困扰人类的头等大事，原始种植农业从产生之时就伴随着气象灾害风险，但是这种风险相对于原始狩猎和原始采摘，人们获取食物可能更有保障，特别是随着原始人口的增加，人们需要有比较稳定保障的食物来源。因此，农业气象灾害风险不可阻挡人类对生产食物的动力追求，长期农业生产实践中，人们逐步积累起许多降低或避免气象灾害风险的经验和知识，也促成了先民不屈的农业生产心理意识。

中国自古就是一个自然气象灾难多发的国家，食物生产一直受到自然灾害的威胁。正是这种威胁，使中华民族在与各种自然灾害的顽强抗争中，培育出坚忍不拔、意志坚毅、不畏艰险、临危不惧的精神品格。这种沉潜深藏的民族品格，来自农耕文明的长期培养，来自于在长期农业生产活动与自然气象灾害的抗争，并升华为具有时代特征的民族精神，这也是华夏文明作为世界古代四大文明唯一能够幸存的精神基础。

(5)救济心理。救济也称社会救济,或社会救助,是指国家和社会对因各种原因无法维持最低生活水平的公民给予无偿救助的一项社会保障制度。社会救济是基础的、最低层次的社会保障,其目的是保障人们能够维持最低生活水平。社会救济的经费来源主要是政府财政和社会捐赠。人们从事气象灾害高风险的生产活动,自然灾害的不确定性可能会远远超出人们的实际承受力,一旦发生不可抗御的气象自然灾害,作为经受灾害的个人可能无能为力挽回损失,而且还可能面临基本生活和从事简单再生产的困难。在这种情况下,受灾个人就可能产生等待社会救助的心理,政府和社会也会实施相应的救助。

救助心理是人们正视气象灾害风险最后的一道底线,如果遭受到人们依靠自身力量无法克服的重大气象灾害而得不到及时的社会救助,人们的情绪就会失控,社会秩序就会被人们为了生存而争夺食物的欲望所摧毁。因此,我国历代都非常重视社会救助,很早就形成了比较完善的气象救灾制度。根据史料记载,明代已经形成了赈济、平祟、抚恤、借贷、安辑、蠲缓、放贷、节约等比较完备的救灾制度,仅以赈粥为例,则形成了赈粥十事,即示审法、别等第、定赈期、分食界、立食法、立赈法、备具、登日历、禁乱民、省冗费[66]。清代作为中国最后一个封建王朝,在吸取前朝各代救灾经验的基础上,在其极盛时建立形成了更为完备的救灾制度。

(6)知天心理。知天最通俗的理解就是知道天气变化。农业生产活动与天气息息相关,农业生产时刻面临着气象灾害风险。认识这种风险变化的规律,提前采取有效的预防措施,是避免和降低这种风险的根本途径。因此,预测天气,认识天气变化规律是农业文明最重要的文化内容之一。我国古代劳动人民在农业生产实践中积累了非常丰富的观天和预测天气的经验,并根据这种经验来安排农业生产。这种经验对指导农业生产非常重要,也发挥了十分重要的作用,但也经常失效或失灵,因为天气和气候变化并不会根据农业生产经验而发生。因此,从事现代农业生产更需要掌握一些基本农业气象知识，如不同作物开始生长的最低、最佳温度范围，农药、化肥使用效果最佳的气温条件，一些新品种引种所需要的气象条件等等。这些最基本的农业气象知识掌握不好，轻则造成农业生产资源浪费，重则影响一年的农业经济生产。

现代知天对农业生产来讲则有更广泛的内涵。近些年来，在一些地区经常发生引种农业新品种而造成巨大经济损失的情况，其中就存在对新品种生长的气象条件缺乏论证而盲目引种的问题。品种的气象适应性就温度而言，即有品种的最低温度适应、最高温度适应、最佳温度适应期的长度和连续时间，以及作物生长期的温度配置。显然如果只考虑最低气温适应和土壤积温，就可能造成引种失败，在有的地区就曾发生引种品种由于最高温度不适应而造成大范围减产的事件。

及时知道天气变化，合理安排农业生产活动，在不增加任何生产要素的情况下就能产生明显的经济效益。因此，现代从事农业生产的人更迫切要求及时了解天气变化，知天心理反应也更明显。随着气象科学技术发展，气象预测预报水平有了很大提高，对未来3～7天的天气预报准确率比较高，如果能根据天气预报来组织和安排农业生产活动，必然会明显提高农业生产的实际经济效益。例如选择气温高于10℃以上，低于33℃的天气施化肥和喷洒农药效果较好，资源可以得到最佳利用，如果气温过低，化学效果不好，容易造成浪费，气温过高，不仅容易造成挥发浪费，而且农药还可能造成施药人员中毒；根据气象预报，选择雨天天气前后抢种抢播抢插，既节约灌溉成本，又有利于作物成活；选择晴天，抢收割抢晾晒，就可能极大提高和保证收成率；农业灌溉和调水也应根据天气预报而进行，既可以尽量减少劳力和动力成本，又有利于更好地利用存量雨水资源。因此，在我国现行农业生产力条件下，及时掌握天气和天气变化，组织安排农业生产活动具有较大的经济意义。

6.1.3　气象对高相关生产活动的心理影响

气象高相关生产活动是指对气候资源具有很高的依赖性，或其生产效率和效益会明显受到气象条件影响的生产活动。从事这类生产活动的人对气象情况非常关注，气象对他们的心理影响非常明显，其心理对气象变化的反应有时非常剧烈，因为灾害性天气同样会对高相关生产活动造成重大损失。

(1) 对气候资源具有很高依赖性的心理反应。对气候资源具有很高依赖性生产活动，除传统的农业生产活动外，现在主要有水力发电、风力发电、太阳能发电、太阳能产热供热、水厂等生产活动。由于气象变化，各地气候资源不仅存在年际、月际变化，而且每年的时空分布并不是一种简单重复。在气候资源年际的波幅之间，对一些气候资源依赖性很高的生产活动影响非常大。从事这类生产活动的管理者和劳动者对气象变化的心理反映，与一般生产者具有明显不同的心理特征。

1) 资源无成本心理。气候资源是一种普遍性的经济资源，其分布极其广泛，尽管它的经济价值通过人类生产活动已被包含在所形成的新增经济价值之中，但由于这类资源分布过于广泛，人们未必对其计算经济价值。人们对普遍性资源的经济属性认识，往往要经历一个历史的发展过程，可以说人们对许多自然资源的经济价值认识都经历了这样一个过程，如人类对海洋、草原、森林、水、湿地、土地、土石和空间等资源的经济属性都有逐步认识的过程。气候资源分布极其广泛，长期以来人们并没有从资源意义上去认识。因此，一些依赖于气候资源才能进行的生产活动，绝大多数生产者存在气候资源无成本心理或思想，非生产者更是如此。在这类生产活动中，人们考虑的主要是设施设备成本、一般消耗性成本、空间和时间成本和人力成本。这种使用气候资源无成本的心理是农耕生产活动遗存下来的一种社会心理习惯。进入工业社会，这种气候资源无成本的心理习惯，已经阻碍着新能源技术和新兴能源产业的发展，使这类生产者所造成的社会价值与自身获取的经济价值不对称，制约了生产者的积极性。

2）资源波动焦虑心理。气候资源是一种非线性资源，在一定生产力条件下，气候资源的过量或过少还可能造成灾害。年气候资源量分布变化如果超过一定幅度，就会出现气候异常而造成灾害，从而会严重影响对气候资源高度依赖类的社会生产活动。气候资源这种年际、月际和日际波动，当超出预期变化的范围后，生产者就会非常焦虑。如风力发电，风力太大不仅超速的风力得不到利用，而且可能损坏风机，从而影响风力发电正常运行；风力不足，则风机不可能发电，如果风力长期不足就会造成严重的运行亏损。在风力发电建设中，可能经常出现风力发电场地选择不佳，或者建前论证不充分。这两种情况，风力发电的投资者或生产者就会非常焦虑。

水电已经成为能源结构中的重要组成部分，我国到 2010 年水电为火电总量的 21.7%，占全部生产电量的 17.2%[67]。由于水电生产需要消耗大量水力资源，需要丰沛的雨水保障，如果气候反常，年降雨量明显偏少，就可能造成水电生产量减少，不仅使水电生产者非常焦虑，而且这种焦虑还会向社会大范围扩散，因为水电量减少会影响到对人们正常的生产生活供电。

对农业生产活动也是如此。气象资源与土地资源作为自然生产力要素，一起参与了自然农业生产的过程，水、气、光、温、湿和土壤等自然要素，通过人们的活劳动形式与肥料、种子结合，生产出各种农业产品，而水、气、光、温、湿等气候资源波动性变化，会直接影响到农业生产的产出效益。因此，这些气候资源一旦出现异常性变化，农业生产者就会焦虑，如长期不下雨或雨水过多都会引起农业劳动者的心理焦虑，这种心理焦虑有时会扩散，如产生怨天尤人的想法。

3）丰水时期矛盾心理。丰水时期，对于水力发电生产者而言心理矛盾就非常突出，因为水资源是水力发电的唯一能源，水资源占有量越多,发电量就越多,水力发电的生产效益就越高。但是,在丰水时期,水力发电生产者就面临着三方面的矛盾,丰水时期如果雨水不至,水库进水量不足,库容总水量减少,就意味着发电量减少,也决定了当年全年生产效益不高,电力生产企业就可能面临经济效益下降,投资效益和职工收入都可能减少,水电生产管理者和生产者都会有很大的心理压力;丰收时期如果水量过多,水电生产亦喜亦忧,喜在水多了发电会增加,发电效益会提高,忧在水库在超过警戒前就要提前泄洪,泄还是不泄就非常矛盾,泄了就会有损失,不泄水库可能会有安全风险,这经常使水电生产决策者造成很大的心理压力,而且有很多决策者都曾有过或轻或重的失败经历,有的经历过泄洪后不再来水而造成重大损失,有的则坚持不泄洪则对水库安全或对水库下游地区安全造成威胁;丰水时期结束前的最后一场暴雨,也使水电生产决策者非常关注,因为这场暴雨就会决定水电企业一年的生产效益,但何时才算最后一场暴雨,经常也是困扰水电生产企业决策者的难题。因此,有些电水企业不仅自己办有气象台,而且还与国家有关气象台,甚至多个气象台签订常年气象服务合同,以解决在重大决策时面临的心理困惑。

4)竞争不自信心理。生产活动若利用气候资源作为核心或主要生产要素,生产者在整个社会生产中往往会产生一种不自信的心理。这既有气候资源本身特点的原因,也有社会生产习惯和社会心理习惯方面的原因。气候资源是一种低密度分布的经济资源,与其他资源比较,其分布密度比较小,时空分布随着纬度、海拔高度和天气状况变化而变化,气象资源利用必须经过植物过程、生物过程、物理过程和化学过程聚集,才能使气象资源转化为经济价值,这种聚集过程需要很长时间,受人为干预因素非常有限,资源不足时急不来,资源超载了减不去,资源变化波动把握不了,生产者对资源的可靠性和稳定性信心不足。开发利用气候资源需要很大投资,特别是利用现代科技开发利用气候资源,其投资更大,但受社会生产习惯和心理习惯影响,气候资源不计成本,水电价比火电价低，因为电煤要计价，水价则忽略不计；利用太阳能供热与其他方式供热，只有设备性价比，很少有能耗和影响公共环境的性价比；在农业生产中气候资源更不可能计价。因此，直接利用气候资源的生产部门，投入性价比高、社会价值比大、但回报价值不大，市场竞争不强，其生产者竞争不自信的心理表现明显，如果没有国家政策扶持，生产者可能更没有信心。

5）气候预测预知心理。以气候资源作为主要生产要素的生产活动，就是人们通常所说的靠天吃饭。这个“天”就是气候资源变化与波动，气候资源的变化和波动联系生产者心理和精神。所以他们特别想预先知道气候资源分布、变化情况。如在太阳能资源开发前期阶段，就需要掌握太阳能资源分布和变化数据，为资源有效开发提供基础数据支持，如果在太阳能资源分布密度低、变率大的区域，开发利用太阳能发电就难以达到预期的投资效益。因此，追求预先知道气候资源分布情况，是所有以气候资源为主要生产要素生产者的共同心理，包括农业生产者，如果掌握了生产区域的多年水旱平均分布情况，就可以宜旱则旱、宜水则水地从事农业生产活动。除了预知心理活动外，希望掌握一些气候预测知识或利用一些气候预测结果，也是依赖于气候资源而从事生产活动者的共同心理。未来的气候资源变化如何，直接关系到这类生产活动的持续和效益变化，如果能够提前掌握变化情况，可以在有限范围内采取一些预防措施，如从事农业生产活动，当知道后期温热资源不足时，则可能通过采取地膜覆盖措施，增加土壤积温；水电企业当知道后期雨水减少时，则可以提前采取蓄水保水，等等。因此，气候预测成为气候资源开发利用者最想掌握的资讯。

（2）气象条件对生产效率和效益会产生影响的心理反应。许多行业生产活动对气象条件反应比较敏感，气象条件的变化可能直接会影响到行业生产活动的正常运行，当然也直接影响到生产效率和效益。如交通运输业，水上航行、陆上运行、空中飞行都会受天气条件变化的影响，如能见度、低云、大雾、雷电、风向风速，恶劣雨雪天气、飞机起降时的气温等均可能对飞机航行安全造成影响。因此,交通业生产活动者,包括所有与气象条件高度相关的生产活动者都非常关注气象变化,并有以下共同的心理特征。

1)避灾减灾心理。在与气象条件密切相关的生产活动中,掌握和利用有利的气象条件从事生产活动,避开不利的气象条件是人们的共同心理。因为趋利可能提高生产活动效率和效益,避害减少经济损失和保障生产安全。以交通生产为例,陆运事故发生与天气有很大关系,在雨雪天气、积雪和结冰天气、大雾天气、高温和寒冷天气,交通事故明显增加,特大暴雨天气还可能造成塌方、滑坡而使交通中断。近 20 年来,我国陆运取得了长足发展,特别是公路运输发展迅速,到 2002 年全国公路运输已占货运总量的 75.3%,为铁路运输的 5.47 倍。但是,全国交通事故迅速上升,2002 年达到 773137 起,经济损失达到 33.2 亿元,分别为 1990 年的 3.09 倍、9.4 倍,陆运事故造成了巨大的社会经济损失[68]。但最近 10 年,由于更加注重充分利用有利气象条件,注重交通运行气象风险,开展了交通气象条件预报,以此来组织和安排交通生产活动,大大降低了交通气象灾害风险,在 2010 年全国民用车辆为 2002 年的 3.8 倍,全国公路长为 2002 年的 2.3 倍,但全国交通事故为 219521 起,仅为 2002 年的 28.4%,经济损失降为 9.26 亿元[69],损失仅为 2002 年 27.9%,其中交通生产活动中气象趋利避害,对减轻和避免交通气象灾害风险发挥了重要作用。

不仅反应在交通生产活动中,人们凡是从事与气象条件相关的生产活动都有明显的避灾减灾心理。但是,当面临气象条件趋利与避害相权时,人们也会产生心理犹豫和徘徊。如从事水电生产的企业,在丰水期就面临蓄水趋利和防洪避害的心理矛盾,农业生产者在高温季节趋利抢收抢种与避免身体中暑之害的心理矛盾。因为气象条件的利与害具有相对性,对从事某种生产活动的某一方面有利,而同时可能对从事同一生产的某一方面不利或者有害。在具体的生产活动实践中,人们经常面临这样类似的心理矛盾。

在现实生产生活动中，趋利避害对人来讲可能是最根深蒂固的习惯。趋利避害本身并没有问题，对于炎热、寒冷人们想去摆脱这种环境，对气温、湿度舒适的气象环境人们都想占驻，这就是对气象条件趋利避害的一种表现。但在现代社会，人们对气象条件舒适趋利避害的心理反应有些过度表现，只要感觉到气象条件不舒服，就会立即寻找摆脱，不给自己留一点时间去认知和体验。天气稍热就要开冷气侍候，天气稍冷就要取暖升温，怕风吹、怕日照，使自己难以深刻体验四季气候之变化，而且变得越来越脆弱，越来越容易受伤害。

2）设防心理。有些与气象条件高度相关的生产活动，一旦遇到天气变化，但生产活动又不终止或中断，人们普遍具有设防心理，也会掌握一些设防知识或技能，以达到降低或避免气象条件变化对生产活动造成的不利影响。在这种心理意识的主导下，人类发明和造成了气象设防技术、工具和工程。如天气变化对航空飞行安全有重要影响，在建设飞机场的同时，一般都建设有气象台站，其作用就是指导飞机避开不利天气条件以实现安全航行。根据天气预报虽然能够避开不利的气象条件进行航行活动，但是，由于天气原因可能经常造成航班延误或停止航行。因此，在气象设防心理的长期引导下，人们又发明了气象设防技术，即把各种气象参数和数据变化及时输入飞机控制系统，使飞机自动调控操纵系统、导航系统和着陆系统，大大提高了飞机适应气象条件变化的性能，使飞机在复杂天气条件下也能保障安全飞行。由此可见，气象避害设防心理也是激发人们的精神动力。反映在其他生产活动领域，都存在这种现象，而且还非常普遍。

从经济学和政治学视角看，一般认为气象灾害是经济社会的一种负能量、负效应，是一种纯灾难或纯灾害。但是，从社会学和人类发展学来看，气象灾害则具有人类社会发展正能量和正效应的效果，它不仅强迫人类必须服从自然气象规律，而且激发了人类更多的创新和创造，促进了人类思维水平的提高，其中在气象避害设防心理主导下，人们在具体的生产实践活动中发明创造了一系列相关的文明成果。

3）保险心理。人们从事与气象条件高度相关的生产活动，还普遍存在一种保险心理，这种保险心理具有极其广泛的意义，而不仅仅只是现代经济损失意义上的保险。保险心理反应在以下方面：一是时间保险心理。从事与气象条件高度相关的生产活动，其生产时间安排必然会考虑到气象条件的影响，如从事建筑生产活动，在生产进度安排上必然要考虑雨雪低温天气生产活动的影响，一般会扣除气候平均影响时段，即扣除因天气原因影响的时间，一些能源生产、交通储运、农事生产活动都会考虑时间保险，预留因天气原因可能造成的影响，一些有经验的生产者的这种心理表现比较明显，在正常天气条件下，一般都能实现生产者的预期心理愿望，如果气候出现异常，就会打破生产者的心理预期而造成延误或损失。因此，当生产活动涉及双方或多方的时候，因为气象原因的时间心理保险，人们一般会称为不可抗力并在合同或协议中出现，其中一方会记录每天的天气情况，以为双方或多方提供延长时间保险的依据。

二是损失保险心理。与气象条件高度相关的生产活动，会因为天气条件可能造成停产、降低效益、增加成本或直接经济损失。因此，从事与气象条件高度相关的生产活动者一般都会产生损失保险心理。受这种心理的影响，人们一般会在计算生产成本、生产总量、生产效益中扣除天气风险损失值。如从事粮食生产，即使到了收割期，农民一般还会考虑因为天气原因可能造成 1% ~3% 的产量损失。又如交通运输生产，人们大都不会按照全天候的气象生产条件计算生产成本、生产总量、生产效益，而会扣除可能因天气条件影响增加的成本和生产总量，都会留有天气保险余地。一般情况下，天气条件造成的损失对绝大多数生产者来讲都可预见，对这部分损失都有心理准备，而且也在其预计范围之内。但是，气象条件对生产者来讲具有不可预见性、不可控制性，经常会超出生产者心理保险的预期范围。这就是生产者的“天灾”，在社会生产力还不发达的条件下，生产者只会独立承受这种天气灾害损失，有的会从此失去再生产能力。但是，随着社会生产力的进步和发展，人们就产生了天气风险转移的保险心理。

三是风险转移保险心理。与气象条件高度相关的生产活动遭遇气象灾害风险，尽管可以提前预防，但仍然不可能完全避免气象灾害损失，甚至可能造成毁灭性损失。因此，一般效益较好的与气象条件高度相关的生产活动者，大都会产生风险转移保险心理，即当生产活动遭受到气象灾害重大损失时，能够获得同类生产活动者的救助而恢复生产活动能力。受这种心理的影响和支配，生产者就会产生主动买天气保险，以保证生产活动在遭遇气象灾害损失时获得保险赔偿。世界上最初的保险业务就是为海上航运分担气象灾害风险提供经济补偿。随着经济发展规模增长，气象因素导致的经济损失也在持续上升，由此引起保险业极大关注，保险业也在寻找减少保险损失的有效途径。保险业务已经融入到各行各业，而有许多行业与气象关系又极为密切，如交通、储运、农业、建筑及人们日常生活都会受到天气的影响，如何减少保户在本行业里遭受自然灾害造成的损失、保险部门减少理赔，保险公司通过事先取得气象信息及时通知各保户进行防灾，避免损失。这已经成为与气象条件高度相关的生产活动行业和保险业的共同心理。

4）天气预知心理。从事与气象条件高度相关的生产活动，对提前了解和掌握天气变化也是比较普遍的心理现象，因为生产活动要根据气象条件趋利避害，就需要提前知道天气，根据天气变化安排生产活动，就能明显地提高生产效率或效益。如从事建筑生产活动，天气变化可能会直接影响建筑质量，选择高温或低温天气进行混凝土施工就会明显影响建筑质量，天气湿度条件也影响工程质量。因为混凝土进行理化反应需要有适合的温度和湿度条件，气温低于零度就会造成结冰而影响水泥凝固，气温过高可能造成化学反应过快而脱水影响混凝土进行充分化学反应。高温、寒冷、雨天、大风天气都会影响施工进度、施工效率，甚至影响施工安全。因此，提前预知天气变化，选择有利天气进行建筑生产具有很高的经济和质量价值。又如海盐生产在露天条件下进行，对天气条件有很大的依赖性，它必须利用自然蒸发，同时又需要避免不利天气条件，才能保证生产正常进行。因此，一些较大的海盐场都设立为盐业生产服务的气象台站。影响盐业生产的气象条件有蒸发量、空气湿度、气温、风速、晴雨天气等，有利于海盐生产的天气条件是蒸发强、湿度小、风力大、晴天多，气温高，最不利于海盐生产的气象条件就是降雨。掌握气象活动规律，根据天气变化，选择有利气象条件安排海盐生产活动尤其重要。

6.2　气象对消费心理的影响

6.2.1　气象对消费心理的影响过程

社会消费受到多种因素影响，即使是一些基础性社会消费，由于自然环境和社会环境发生变化，其消费也会发生相应变化。有许多经济生产行为，是由消费决定的。因此，在经济学上有消费刺激生产、消费拉动生产之理论。人们生活在具体的气象环境之中，当气象环境和条件发生变化时，人们既会自然地调节生理变化，也会有地意识地调整自己的消费行为，以适应气象变化。气象环境引起的社会个人消费行为发生变化，必然汇集为社会行为，这就可能影响全社会性经济消费行为的整体性调整。气象对消费心理的影响过程，具体有四种类型。

类型之一：气象环境与条件变化：对消费品供给发生影响—消费心理反映—消费行为调整。气象对消费的影响，往往通过影响供求关系来影响人们的消费心理。许多消费品的生产、储运、供应与气象环境和条件相关，当气象条件出现异常时，就可能造成某些消费品生产量下降，或储运不及时，而影响市场消费量的供给，从而影响人们的消费心理。这种心理影响过程，一般会出现以下三种情况：一是提前知道天气将发生变化，人们会产生提前准备的消费心理，并产生消费准备行为，这时相应的消费供应品还没有受到天气变化的影响。如预知高温天气将来临，人们对一些降温、纳凉物品或食物进行一些准备，正常情况一般不会造成这类消费供应品短缺。二是天气原因已经对消费品生产量造成了重大影响，人们的消费心理可能会发生奇变，如担心价格上涨或供应终止而过度储存、参与抢购等等，这种情况对粮食、食品、蔬菜类等居民必须消费品最容易发生。三是天气突然性变化，在人们心理还没有准备的情况下而发生消费品供应的紧张或价格上涨，人们的消费心理会有短时间适应性变化，或降低消费量、或临时寻求替代消费品等措施，以缓解消费品短时供应不足。

类型之二：气象环境与条件变化：对消费者身体发生影响—消费心理反映—消费行为调整。人们的许多消费行为，特别是一些必须消费品是由消费者内在需要所决定的。一些气象环境与条件变化，会对消费者身体产生直接影响，当这种影响超过人们自身所能承受的范围时，就会刺激人们产生消费心理，以减轻不利的自然气象条件对人体的直接伤害，或增加人体的舒适感。这种心理影响过程，也会出现以下三种情况：一是预防身体可能受到天气条件变化影响的消费心理准备，并产生消费行为。如一些旅行者，担心皮肤受到太阳紫外线照射，提前准备防晒霜、遮阳伞等。在这个过程中，天气并未对人体产生任何影响，但消费行为已经发生。二是天气条件变化正在对人体发生影响，人们的消费心理会突然增强，而且可能会打破平时一般的消费心理，如在雨中求伞、雪中求袄、热渴求水，这时消费品价格可能不再成为消费者考虑，而更多会考虑自己能否再坚持忍受，或是否有支付能力。三是身体自然性适应天气变化，这是所有消费者共同的心理反应，一年四季气候变化，对人的生理和身体都会产生不同影响，人们会根据自己生理身体调整自己的消费行为，季节性消费品就是在人们的这种心理支配下形成的。

类型之三:气象环境与条件稳定:对消费者习惯发生影响—消费心理适应—消费行为习惯。相对而言,一个区域的气候具有相对的稳定性,这种稳定就会形成人们一种环境适应的习惯,并形成一种比较稳定的消费适应心理。如高寒地区的白酒消费、高湿地区的辣椒消费、风沙地区的头巾消费等等。

6.2.2　气象环境舒适性消费心理

人体具有很强的适应力,在一定气象环境条件下,能适应气温、湿度、气压、氧压较大范围的变幅。但是,在其变幅范围内,人体会产生舒适、不舒适、较难受、很难受的感觉。人们对气象环境的舒适具有普遍的消费心理需求。

(1)环境气温舒适心理。人们传统的气象环境舒适心理,最关注的是温度舒适。有研究表明,人体比较舒适的气温为 18 ~ 24℃,湿度 40% ~70%[70]。当气温偏高或偏低时,特别是气温高于 33℃或低于 5℃时,人体受到气温的刺激,就会产生降温或取暖的心理需求。人体对气温舒适性消费的心理活动,一般来讲有以下几种选择:

1)通过改变服装厚薄调节体温,以达到舒适或基本舒适的体温,从而产生服装消费心理需求。通过服装来保持人体与自然气候温度环境相适应,这是人们最普遍、最经常的心理反应,也是最直接、最方便地达到人体舒适的途径。统计表明,参考气温在 10℃时防寒衣料,在 15℃时长袖女罩衫,在 20℃时夏装等消费品最为畅销。这也说明自然气候环境变化会明显刺激对服装的消费心理需求。

2)通过改变微小气候环境,以达到舒适或基本舒适的体温,从而产生改善微小气候环境类消费品的心理需求。比较原始的消费如冬天烤火、居室隔热阻风、夏天持蒲扇,现代改善微气候环境的消费品,如各式电扇、各类空调、各种取暖设备。在气温达到 33℃以上时，人们对降低微小气候环境温度的心理反应非常明显，其消费愿望非常强烈，并很快转化为消费行为，空调、电扇等相关行业经济活动就会很火爆，一年中用于改变微气候温度环境的电力消费会进入高峰。当气温低于5℃时，人们取暖消费心理反应会明显上升，一些老人和体弱者心理反应更为迫切，一些家用取暖、保温电器被大量起用，家庭电力消费又进入高峰期。这种因天气原因引起居民用于改善微气候环境气温条件的用电紧张，具有随机性、突然性和阶段性的特点，对电力生产和电网运行冲击很大，如不注意科学调度，就可能造成整个电网瘫痪。因此，电力生产与调度必须掌握居民这种因天气变化而有起伏消费的心理。

3）通过对身体直接进行温度调节，以达到舒适或基本舒适的体温，从而产生直接对身体进行温度调节的心理需求。在夏天喝冷饮、吃冰食、冲凉澡、游泳等使人体较快地达到比较适宜的温度。人们这种心理反应，必然会刺激人们直接对身体进行温度调节的消费心理。因此，在夏天冷饮、冰食、泳装、游泳场馆等行业经济活动就会非常活跃。有研究表明，夏天有关消费品最畅销的参考气温：啤酒为22℃时，游泳衣、凉鞋、拖鞋为24℃时，蚊蝇杀虫剂为26℃时，西瓜为27℃时，刨冰为30℃时。在冬天饮白酒、吃火锅、泡温泉、洗热水澡等使体温上升。

4）通过改变气候区域，人随着舒适的四季气候变化而迁徙。自然气候有随着区域、季节、高度变化而变化的特征，也启发了人们追随四季气候变化而调整自己气候空间的愿望，从而产生随着季节变化而改变气候区域的消费心理。在生产力比较落后的时代，只有极少人才可能把这种消费愿望变成现实，如皇家避暑山庄。但是，进入现代社会，生产力高度发达，交通十分便捷，人们不仅具有一定的消费经济能力，而且也具有相应的消费时间，这种以候鸟式的生活消费心理完全可能转变成消费行为。因此，一些高山休闲疗养消费、冬季热带休闲疗养、夏季寒带休闲疗养等消费形式，已经成为一种正在发展的新型经济消费领域和消费方式。

(2)气候环境综合舒适心理。由于人体对气温的反应比较敏感,因此人们对气温舒适消费心理自然也最为突出。但是,随着经济社会和科学技术发展,人们的生活水平不断提高,人们对气候环境舒适性需求也在不断发展和升级,气候环境全面舒适性的消费心理需求不断增长,催生出种类繁多的气候环境舒适消费品。气候环境综合舒适消费心理主要表现在以下方面。

1)气候湿度舒适消费心理。空气湿度随着气候和天气变化而变化,湿度与气温一样,既有年月际变化,也有日变化,还有随着气候区域变化而变化的特点。一定的空气湿度是保持人体水分与自然大气水分代谢循环,人体水分平衡的重要条件,空气湿度过大或过小,人体都会感到不舒适,甚至可能引发相关身体疾病。根据人体对湿度舒适的反应,湿度在 40% ~70% 之间感觉就比较舒适。因此,降湿防燥一直是人们内在心理需求,但这种心理需求的实现由于受到生产力发展水平影响,在生产力水平比较落后的时代,人们只能采用最原始、最简单的方法降湿防燥,空气过燥时通过浇水增湿,空气过湿时通过自然透风降湿。

随着现代科学技术发展,人们的降湿防燥愿望已经完全可以转化为湿度舒适消费行为。在一些湿度过大气候区域和季节,人们去湿的消费心理通过购买和安装去湿机或干燥机就可完全满足,现代智能化去湿机还可以设定个性化的人体最适应的湿度范围。除去湿机外,还可以消费购买安装抽湿器、干燥器、调温除湿机、恒温恒湿空调机等空气除湿。对于一些风湿病和哮喘病,降湿还不仅仅是一种湿度舒适问题,而且是一种病理理疗,这类人群对降湿消费品还会产生心理依赖。空气湿度过小,同样会使人产生干燥、缺水等不适应感受。因此,为了满足人们空气加湿的消费心理需求,各种加湿器、加湿机、喷雾器、恒湿器等消费品应需而生。现代建筑已经把满足人们对湿度环境舒适的心理需求纳入设计范围,并制定了规范标准,详如表 6.1 所示。随着人们生活水平的不断提高,空气湿度调控设施设备也成为人们经常性的消费用品。

表 6.1　室内干湿程度标准划分表

类别	温度(℃) ≤12	温度(℃) 13～24	温度(℃) >24
	相对湿度(%)		
干燥	≤60	≤50	≤40
正常	61～75	51～60	41～50
较湿	>75	61～75	51～60
潮湿	-	>75	>50

2)光照舒适消费心理。光照舒适不仅是人们的一种视觉感受，也是人们潜在的消费心理。在完全自然条件下，光不仅只是限于视觉的清晰，在客观上确实存在舒适与不舒适问题，但由于条件限制人们只能采取一些简单的办法或阻挡强光，或用照明补充弱光，最早的灯光主要起照明作用，后来随着人们生活水平的提高对光照舒适消费需求也不断增长，特别是由于光电科学技术的发展，人们对光觉舒适消费有很高的心理期望，而且客观条件也能不断满足人们对光照舒适的心理需求。

在自然情况下，夏季在阳光直接照射下，光照强度可达 6 万～10 万 lx(流明单位)，没有太阳的室外 0.1 万～1 万 lx，夏天明朗的室内 100～550 1x，夜间满月下为 0.2 1x。光照舒适会因人们从事的不同活动而舒适心理感觉不同，但就绝大多数正常人而言舒适感觉，国家设定了住宅建筑照明的照度标准值(表 6.2)，除民用建筑外，国家对不同活动的环境光舒适均设定了标准，如综合性商场、体育场馆、电影戏剧娱乐场馆、医院教学场所等照明设计标准，以满足人们在不同活动环境下光照舒适心理需求(表 6.2)。

表 6.2　住宅建筑照明照度标准值表

类别		参考平面及其高度	照度标准值(lx)		
			低	中	高
起居室、卧室	一般活动区	0.75 m 水平面	20	30	50
	书写、阅读	0.75 m 水平面	150	200	300
起居室、卧室	床头阅读	0.75 m 水平面	75	100	150
	精细作业	0.75 m 水平面	200	300	500
餐厅或方厅、厨房		0.75 m 水平面	20	90	50
卫生间		0.75 m 水平面	10	15	20
楼梯间		地面	5	10	15

光照舒适消费因人而异,因为每个人的视觉有一定差别。因此,个性化的光照舒适性消费也会因人而异,如有的需要增加远光,有的需要调节近光,有的则需要聚光,有的则需要散光,还有对光的强弱、光的色感均有不同需求。这些对光照环境的心理需求,利用现代光学技术研制的各式各样的眼镜,基本能满足人们对光照舒适的消费心理需求。人们光照舒适性消费不仅推动了光照技术的发展,而且已经形成了巨大的消费产业市场。

3)洁净空气舒适消费心理。在自然气候环境中,人人享受呼吸洁净空气是一项最基本的权利,在农耕文明时代人们一般不会产生洁净空气的消费心理。但是,人类社会发展进入到工业文明阶段,工业经济活动造成的大量污染气体向空中排放,空气质量受到严重影响。空气质量变坏严重影响着人们的身体健康和生命安全。因此,空气舒适逐步成为人们的普遍需求。首先,在一些有空气污染的生产场所,劳动者要求生产经营者提供安全洁净空气环境,避免空气中有害化学物伤害自己的身体健康,从而促进了生产领域对洁净空气的生产性消费。同样,为了保护劳动者身体健康,国家制定了相应的空气环境卫生基本标准,如标准规定:放散不同毒性有害物质的生产设备布置在同一建筑物内时，毒性大的应与毒性小的隔开；放散热和有害气体的生产设备，应布置在厂房自然通风的天窗下部或穿堂风的下风侧；放散热和有害气体的生产设备，当必须布置在多层厂房的下层时，应采取防止污染室内上层空气的有效措施；建筑物内，放散热、蒸汽或有害物质的生产过程和设备，宜采用局部排风。当局部排风达不到卫生要求时，应辅以全面排风或采用全面排风。

由于空气污染越来越广泛，无论自然大环境，还是人们居住的环境空间，气体污染已经严重危害着人们身体健康，人们日常生活环境的空气清洁已难有保障。人们产生了洁净空气消费心理需求，由此促进了各种洁净空气消费产品生产和发展，形成了很大的产业规模。如空气净化器（也称空气清洁器）、空气清新机等，以吸附、分解或转化各种空气污染物（一般包括粉尘、花粉、异味、甲醛之类的装修污染、细菌、过敏原等），有效提高空气清洁度的产品，以清除室内空气污染的家用和商用空气净化器为主。在一些风沙和污染较重的地区，人们对洁净空气的消费心理表现更明显，使各种空气清洁消费品进入普遍居民家庭。

4）含氧和富氧舒适消费心理。随着人们对大气环境科学认识到水平的不断提高，以及人们对自身与生存环境关系的认识深化，已经认识到大气含氧量和含负氧离子对人们身心健康的重要性，激发了人们对富氧和负氧离子的消费心理需求。

氧是人体新陈代谢的关键物质，是保持人体生命活动的第一性需要。人体呼吸的氧转化为体内可利用的氧，称为血氧。血液携带血氧向全身输入能源，血氧的输送量与心脏、大脑的工作状态密切相关。心脏泵血能力越强，血氧的含量就越高，人体各重要器官的运行状态可能就越好。大气中的正常氧气浓度为20.9%。所谓富氧就是应用物理或化学方法将空气中的氧气进行收集，使收集后气体中的富氧含量≥21%。

在正常情况下，人的自然呼吸就能保证体内对氧代谢平衡需要。但有二种可能造成人体缺氧:一是体外环境缺氧,当人处在一个氧气不足的环境时,如阴天气压低,高原地区,环境污染地区以及写字楼、商场、地下室等都容易造成体外缺氧;二是人的体内缺氧,主要是由于个人身体自身原因,导致吸入氧气不足,如患有气管炎、哮喘等呼吸系统疾病,心脏疾病、脑供血不足、脑梗、脉管炎、静脉曲张等血液循环不好,一些老年病、工作节奏快等原因。发生以上情况时,人体就需要进行氧补充,人们就会产生吸氧消费心理和需要。一些从事潜水作业、登山运动、高空飞行、宇宙航行等活动时,就会产生氧气消费的需要。

人体对气候环境具有一定适应性,当气候环境发生重大变化时,人们所生活的环境氧气比例可能发生变化,一般都需要一个适应时间,无论氧气含量比例增加,还是氧气含量比例减少,人体都会产生不适反应。如果轻度缺氧,就会经常打哈欠、手脚冰凉、胸闷气短、心慌、喘气急促等生理反应。如果自然空气的氧含量降至15% ~19%时,就会明显降低工作效率,并可导致头部、肺部和循环系统不适。因此,在缺氧环境中,人们会产生增加吸氧的消费心理。但是,氧气含量比例高了,人体也会明显不适应,晚上持续失眠白天却懒懒困倦无精打采。

现代研究发现,大气中的负氧离子被誉为“空气维生素”,有利于人体的身心健康。它能够通过人的神经系统及血液循环对人的机体生理活动产生影响。空气中的负氧离子浓度多少,是空气清新与否的标志。世界卫生组织规定,清新空气的负氧离子标准浓度为每立方厘米空气中不低于 1000 ~1500 个。科学研究测试认为,负氧离子的形成与消失,与气象因素有关系。一般情况下,空气中负氧离子的浓度晴天比阴天多,夏季比冬季多,中午比早晚多,特别是城市的郊区田野、海滨、森林公园、瀑布流泉飞溅景区明显多于一般区域。由此,使人们产生了对负氧离子多的区域环境消费心理。

6.2.3 气象季节性消费心理

气象季节性消费心理与气象环境舒适性消费心理具有一定相似性，因为气候季节发生了变化，人体的舒适性反应必然也随之变化。因此，也就形成了气象季节消费心理的变化。这里讲的气象季节性消费心理主要指与季节相联系的消费心理反应。

(1)季节性服装消费心理。人们对服装的消费心理会受到很多因素影响，其中季节变化会明显影响到人们服装消费心理。季节冷暖变化，不仅影响到人们对服装用料保暖与透气、厚与薄的考虑，还会影响到服装款式的选择。当气温变化时，人们着装也会随之改变，或增加或减少衣物，这种变化呈明显的季节性，人们购买服装也呈季节性变化。根据一般人的心理习惯，在入夏前准备夏装，入冬前准备冬装。季节性服装，又可分为春、夏、秋、冬着装，即在同一地区，因四季不同而人们的着装随之变化，在中部地区一些经济条件较好的人，穿着四季分明，一些家庭困难的人，实际只分两季着衣，夏以遮体即可，春秋冬冷时着棉袄，脱了棉袄即穿单。与我国自然气候的多样性相对应，各地服饰在质地、款式、类别上也呈多样性特征。一般来讲，南方居民的服饰消费心理活动，多与炎热、多雨、潮湿、日烈气候相关，服饰多以单薄简约为主，如西南少数民族的服饰多为紧身、轻巧、利落、适体，裸露部位多，无领、赤脚，以布掩为裙等；北方居民的服饰消费心理活动，多与寒冷、风大、光照充分等气候特征相联系，为了避寒保暖的需要，人们习惯多以厚实较重的皮革毛绒类服装为主。

在南方热带地区，根据人们已经形成服装消费心理习惯，夏天农村居民多赤脚走路，现在穿拖鞋、凉鞋也较多，城市居民则多穿凉鞋、拖鞋。南方的雨水较多，道路泥泞，在农村过去曾有居民穿木屐、油鞋（桐油布可防水），在乳胶鞋出现以后才逐步消失，在20世纪70年代，一些有条件的农民穿深统乳胶鞋在泥水田劳动。在沿海地区妇女有用纱布遮脸的习惯，主要是防止海风吹伤或太阳灼伤妇女面肤，遮脸纱布可起到保护作用。在长江以南的温热地区，冬天也穿用一些保暖服装，但总体而言皮革较少，多以棉、绒品为主，相对于北方的帽子、围巾、手套、鞋具多较轻薄。冬天为了保温一些中老年多戴平顶帽，青年人一般不戴帽子。带围巾的也多为老人或妇女，中青年带围巾的较少。手套成人多用于劳动保护，冬天也偶尔用于手部保温。现在由于保暖服装的发展，南方城市人们在冬天的着装比较轻简。

云南昆明地区，人们穿着与其他城市有明显的不同，在一天当中，有人穿衬衫短裙，有人穿毛衣和风衣，甚至还有人穿着棉衣或棉背心，五花八门，寒暑凉热。因此，云南流传有“云南十八怪，四季同穿戴”之说，其含义既可理解为一天之内，人们可能分别穿着四季的衣服，也可理解为一年四季穿着同样的衣服。形成这种服饰文化特征，不只是一个地区的群众喜爱，而是由复杂多样的云南气候特点所决定的。贵州地区气候温热、雨量充沛，夏无酷暑，冬无严寒，当地人的服饰以宽大松为主要特征。

长江以北地区，一年有近4个月将受到北方寒流影响，气温较低。因此，根据一般人形成的心理习惯，冬季穿长袖带帽大衣、头带棉皮帽、颈带围巾。帽子多用毛皮做成或用毛线织成，为了保温帽子的款式比较多，冬天有护耳帽、卷罩帽等，还有单配耳套。围巾现在多用于装饰，而在过去则多用于脖子保暖，北方人带围巾，两端还要塞进大衣之中才更加保暖。戴口罩也具有保温效果，因此在北方遇有风雪天气戴口罩的人也较多。北方人习惯戴棉或皮手套，手套上除大拇指外的其他四指相连，以利于保暖，一些经常骑自行车的人，还常把棉(手)套筒固定在车把上，骑车时手上还戴有薄手套。北方居民冬天多穿皮靴，并把裤脚塞入靴中保暖，现代也基本如此。

在藏北高原地区气候环境恶劣，气温较低，早晚特别寒冷，中午阳光又特别强烈，人们生活在辽阔的草原和天然牧场，衣着选择一般要求便于起居、行旅和保暖御寒。牧区藏族穿着以皮袍为主，一般皮袍结构肥大，袖口宽畅，穿着自如，白天阳光充足，气温升高时，可脱袖露臂，调节体温，夜间可解带和衣而眠。由于海拔高，四季气候不甚分明，因此服装样式也相对简单，缝制工艺也不够讲究。内蒙古高原，广袤的大草原气候寒冽，风高沙多，人们以游牧业生产为主，牧民习于马背生活。这里的服饰具有很强的防寒功能，而且又比较方便于骑坐生活，牧人所穿的长袍、皮裤、腰带、皮帽、皮靴等一系列独具草原特色的服饰，就是在这种自然环境下发展起来的。普通男女大都是大襟长袍，袍服长者及踝，短者至膝，以高领挡寒，所用材料冬季多为皮毛棉毡。夏季着单、夹袍，经常包头或扎巾，以防止阳光照射，冬季多着皮装，其服饰带有明显的高寒地区文化特点。而在东北大小兴安岭地区，冬季漫长、寒冷时间长，夏季格外短。这里的气候特点，使人们选择以兽皮为原材，经过加工制成为保暖性强、防水隔潮的以袍式为主的衣、鞋、帽、靴、手套等。

(2)季节性家用电器消费心理。人们为了家庭小气候环境舒适，季节性家电消费心理反应比较明显，尤其在人们生活水平提高以后，对空气温度舒适、湿度舒适、空气洁净舒适类家用电器消费呈明显季节性需求，并呈一定气候区域性心理表现。

家电的季节性消费心理反应，主要受气候气温变化的影响，气温高低变化是影响人们消费心理变化的直接原因，人体不适应外部气温变化而产生降温或升温的心理需求。但也会受到消费者传统心理习惯的影响，在家用电器起步阶段，许多人可能还停留在传统取暖或降温消费阶段。同时，也会受电器生产者和经营者宣传的影响，当消费者认识到比传统方法能更有效地获取更舒适的气温环境，而对安全没有危害时，就会根据自己经济承受能力产生消费心理需求。在家电消费中，空调器的季节性消费心理表现最为明显。在我国寒冷气候带，人们的心理消费需求主要侧重单制热空调器消费，以提高空气温度保持人体舒适，到夏季人们在阴凉处也不会感受暑热，因此对单制冷、冷热双制空调器并无心理消费意愿。但在热带气候区域，人们心理消费需求主要侧重单制冷空调器消费，以降低空气温度保持人体舒适，到了冬季的气温，人们并不会感觉有寒冷，因此对单制热冷、冷热双制空调器也无心理消费意愿。只有在四季分明的气候过渡带，人们在夏天需要降低气温、冬天需要提高气温，才会产生冷热双制空调器的心理消费需求。

显然，人们对空调器的消费心理，是受气候季节变化和气候区域分布影响的。据统计，到2002年，全国城市居民家庭平均每百户拥有电扇182.57台、空调51.1台、取暖器27.86台。这三类产品消费与气候区域分布和气候季节密切相关，可以称为典型的气象经济行业，以2002年城市居民家庭平均每百户拥有电扇为例，东北三省每百户为66.93台、西北4省只有51.8台、西藏仅有4台，而广东、广西、浙江分别高达298.49台、285.52台、263.33台。空调分布更是如此，西北四省每百户只有1.85台，其中青海为0.05台，东北三省为5.26台，广东、浙江、福建分别为125.44台、81.64台、74.45台[71]，到2011年，辽宁、吉林、黑龙江也分别只有28.1、12.9、9.3台，而广东、广西、浙江分别高达211.6台、200.6台、193.3台。电扇、空调生产业是比较典型的气象经济行业，随着气温分布变化，我国城市居民每百户拥有电扇、空调台数从南到北、从东到西呈递减分布。一般来讲，空调和电风扇生产与销售都会考虑气温分布与气温变化因素，但是从我国空调器消费的实际情况分析，就北方而言单制热空调器还有很大的开发空间。从电扇和空调的区域分布分析，还可以估评夏季高温对其高分布地区的电力消费增加与供应紧张状况。

除湿类、增湿类、空气清洁类家用电器的消费也与季节变化有关。冬季干燥，人们就会产生增湿性电器消费心理需求；夏季高湿，人们就会产生除湿类电器消费心理需求；冬春风沙大，大气扩散能力较差，人们自然会产生空气清洁类家电消费心理需求。这类家电经营商大都掌握了人们的这种消费心理，并通过发布适合满足人们心理消费需求广告，推进这类家用电器业的发展。

(3)季节性旅游消费心理。人们的旅游消费呈明显季节性特征,这与人们季节性旅游消费心理变化密切相关。季节性旅游消费心理反应,主要受到旅游资源的季节性变化、旅游活动的季节性要求和旅游业季节性综合因素的影响。旅游消费,既是一种经济社会现象,又是一种社会文化现象,还是一种社会心理现象。

现代旅游的季节性比较突出,旅游消费的季节性是由于旅游资源的不同性质和不同类型所决定的。根据季节性旅游消费心理反应,一般来讲,人们旅游消费需要考虑气候的舒适性、天气的安全性、行动的方便性、目的的可实现性,在这些方面都会受天气和季节的制约,人们的旅游心理活动在旅游行动前就开始了。因此,一些主要依赖自然旅游资源吸引游客的旅游消费,其季节性波动比较大;消遣型旅游也会受到季节性制约;四季分明的地区,无论哪一种旅游消费都会呈现较大的季节性波动。

根据季节性旅游消费心理反应特征,在一些地区呈现单峰季节型旅游消费,即一年中只有一个游客高峰,一般长度在 3 ~4 个月,通常发生在夏季,如我国的新疆、青海、西藏等西北地区夏季旅游。在一些地区则呈现双峰季节型旅游消费,即一年出现 2 个旅游高峰,通常一个主高峰在夏季,另一个次高峰(短高峰)在冬季,如到我国哈尔滨市,夏天的凉爽,冬天的雪景与冰雕,在我国的多数地区多呈现主、次二个高峰,主要在春、秋两季。由于自然资源性旅游消费的季节差异,一些旅游者会选择不同的季节时段出游。如到海滨度假旅游,往往会选择气候适宜而又与度假者居住地的气候形成反差的季节则比较多;滑雪旅游、冰灯观赏等冬季旅游,则多选择在冬季气候寒冷的时段;农村采摘旅游活动多在夏天或秋天丰收时段,更带有时令性。还有一些景物在一年的四季中展现出不同的美感,有些景点具有特殊的季节性,只有在某一特定的时间季节才会展现出最好的景致,这些都可以唤起人们季节性求奇的旅游消费心理,如观日出、观云海、观景色、观瀑布、观佛光、观奇峰、观冰展等需要选择不同天气条件,这些旅游消费更呈明显的季节性。

在旅游活动中,人们的体感舒适是调动旅游兴趣和乐趣的基本条件,而气象条件就是使人们产生身体舒适的基本环境条件。自然资源旅游消费,经常会受到季节性自然条件的影响,如地理位置、气候变化、日月运动、四季变更等,具有明显的季节性。一些人文资源旅游,包括遗址遗迹、建筑、园林、民俗风情等,虽然不会明显受天气影响,但如果气候环境不舒适,也会有季节性差别。就季节而言,在我国春季一般在 4 月至 5 月;秋季在 9 月至 11 月;冬季到海南、三亚旅游消费,这个时段气温暖和,不热不寒,晴天较多,气候特别舒适;夏季选择到高纬、高原地区旅游,还有像北戴河、青岛、大连等海滨旅游胜地因为其特殊的海滨旅游资源,具有明显的季节性。气象季节性旅游消费还有很大开发空间,充分利用我国气候资源多样性和丰富性特点,开发冰川旅游、冰雪文化旅游、雪景旅游、雾凇和雨凇景观旅游、高山气象旅游、高原草原气候旅游、湿地气象旅游等,还有广泛的消费市场前景。

6.3 气象对日常生活的心理影响

6.3.1 气象对日常生活心理的影响过程

人们日常生活心理会受多种因素的影响,气象也是其中重要的影响因素。气象对人们日常生活心理的影响过程,主要有以下几种类型。

类型之一:气象条件—对人体产生直接影响—引起人的日常生活心理变化—人们调整日常生活行为。人体状态与气象环境有非常密切的联系,当气象条件变化对人体机能或人体安全产生直接影响时,就会引起人们日常生活心理变化,并引起人们对日常生活行为的调整。

类型之二:气象条件—对日常生活供给品产生影响—引起人

们日常生活心理变化—人们调整日常生活行为。气象对人们日常生活的影响，它会通过影响人们日常生活供给品的数量和质量来影响人们的日常生活心理，从而影响到人们日常生活的行为调整。

类型之三：气象条件—对日常生活环境和条件产生影响—引起人们日常生活心理变化—人们调整日常生活行为。人们的日常生活活动总是在一定的气象环境和条件下进行的，当气象环境和条件发生变化时，人们的日常生活心理也会发生相应变化，从而调整自己的活动行为。

6.3.2　气象对饮食心理的影响

饮食是人们最经常、最普遍的日常生活活动。饮食对所有的人来讲，尽管每天都在作周期性重复。但实际上由于气象环境和条件的影响，人们的饮食心理变化并非完全重复，而会表现出不同的心理反应。

(1)四季变化对饮食心理的影响。气象条件和气象变化可以引起人体的生理化学和生理机能的变化，并能引起人们对一部分食物产生偏好，而对另一部分食物产生抵抗甚至厌恶。在高寒地区或冬季低温条件下，人体散失热量较多，需补充更多食物，一些清淡素食不能满足身体需要，这时特别喜欢吃含脂肪和蛋白质较高的肉类食品。

人生活在天地之间，人与自然是统一的整体，自然界的四季变化对人体五脏功能活动系统有着密切的联系，人们的生理心理无时无刻不在受到四季变化的影响。如气温变化会对人们的饮食心理产生明显影响。在温带或炎热夏季，由于炎热天气会使人体消化液的生成和分泌减少，胃肠蠕动变弱，人体内对食物消化，特别是对蛋白质和脂肪成分的消化、吸收会受到影响，致使食欲不振。在热带和赤道地区、温带地区，人们喜欢选择新鲜爽口、易于消化和比较清淡的食物，在热带和赤道地区许多居民，至今仍以香蕉、芋头、木薯、木瓜等为主食。在我国中南部地区，到夏季也喜食清淡，人们除了吃素食外，还喜多吃冷饮、西瓜等解暑食物，冰棍、雪糕、冷饮、啤酒、汽水等销售量随气温升高而直线上升。在民间常喜煮绿豆粥，从药理上说可用之清凉、解暑、去火。

在我国一些湿度较大的云、贵、川、湘、鄂等西南、中南地区，人们特别喜欢吃辣椒，这也是用食物来适应气候的一种生理反应。因为人们吃辣可以避寒去湿，这些地区冬季气温不高，空气非常潮湿，冷湿气候易使人得风湿性关节炎和腰肌痛等症，辣椒属热性，有祛风湿、发汗健脾胃之效。夏季湿度很高，人的皮肤不易通气散热，吃辣椒则可以起到通气发汗、表汗里舒的效果。

在我国饮食保健心理比较流行，四季不同的保健饮食文化，其流传比较广泛。中医认为，春天是万物生长，阳气生发之时，气血趋于表，聚集一冬的内热向外散发，肝气充足，此季人们应当进食一些有利于调节中枢植物神经系统和内分泌系统的食物，增强免疫机能及抵抗力。根据人们饮食习惯形成的心理经验，春季宜少食酸味，多食甘甜食品以养脾胃，如食酸过多会使肝气溢泻，脾气易绝；春季还应少食辛辣之品，春渐暖，过食辛温燥辣之品可使人生内热，如羊肉、狗肉、辣椒等不可多食，可多食含维生素多的蔬菜、小米、玉米、黄豆等杂粮。

夏季炎热，天气炎热，多雨高温，人的心脏功能最为旺盛，同时人体由于出汗过多易失水，因此应当进食补气养阴，清热祛湿防暑之食品。根据人们夏季形成饮食心理习惯，一般人可多食些凉拌菜和鸡蛋、鸭蛋、豆制品、芝麻酱、绿豆、西瓜、水果等，在调味品上许多人会选用蒜和芥以杀菌解毒和增加食欲。

秋季干燥萧瑟，湿度小，空气干，易于口干咽干，皮肤干燥，肺气旺盛，易干咳或气管炎复发，根据人们形成的入秋饮食心理习惯，宜多吃梨以清肺火，止咳祛痰，应少食辛味而增加酸味，宜多吃芝麻、核桃、蜂蜜、乳品、山楂、豆腐等食物，

冬季天寒地冻，气温很低，人们应当增强抗寒能力，注意保暖，以防冻伤。根据人们形成的冬季饮食心理习惯，在饮食上以应减

咸味苦味为主，在春秋季少食的辛温之品冬季可适当多吃，可多食羊肉、狗肉、牛肉、虾、辣椒、红枣、胡萝卜等，这些食物可增强抗寒能力，减少感冒发生。在调味品上可多用些辛辣之物，如辣椒、葱、姜蒜。

清代袁枚所著《随园食单》中就有烹饪“时节须知”。袁枚认为，夏日长而热，宰杀太早，则肉败矣。冬日短而寒，烹饪稍迟，则物生矣。冬宜食牛羊，移之于夏，非其时也。夏宜食干腊，移之于冬，非其时也。辅佐之物，夏宜用芥末，冬宜用胡椒。有的先时为好，有的则过时为好。有的过时而不可吃老，萝卜过时则心空，山笋过时则味苦，刀鲚过时则骨硬。烹饪非常讲究四时之序。

人们为了获得喜食的味觉和温感，创造了许多为调节温度的器物文化，如火锅、温酒器具、保温器具等。我国北方用火锅涮羊肉，边下锅边吃鲜；南方火锅主要起煮熟和保温作用。在长江中游地区为了保持菜食温度，过节或招待客人则习惯边上菜边用餐，这一地区和南方由于受气温影响，从季春至中秋，直接食用凉菜的较少。除了火锅外，云南“过桥米线”（米粉做的粉丝）和西安的“羊肉泡馍”都是民间常用的有效保温办法。我国味觉文化分布可大致划分为：北方偏咸，南方清淡，东部喜甜，湖川喜辣，云贵喜酸，多碱地区喜陈醋酸。

受四季气候变化对人们饮食消费心理的影响，各种食物品种虽然在一年中其他各月都有消费，但大众消费旺季会受到气象变化的影响，也受地域气候条件的影响。如一些糕点食品消费，在华中、华南地区 5 月至 8 月就处于消费淡季，由于气温高、湿度大，食物容易霉变，其生产和消费都会受到影响，到秋季会进入生产和消费旺季。鲜菜、鲜瓜果消费主要受生产产量、季节、产地、保鲜和运输影响。

（2）气象环境和条件对人们饮食习惯心理的影响。人们的饮食心理形成与变化，有时并不完全取决于自己的生理反应，因为食物生产本身会受到气象环境和条件的影响,因气候引起的食物生产自然分布而形成的饮食心理习惯表现,具有明显的气候地域性。在不同地区,人们形成的食物习惯差别,与食物生产联系在一起,食物生产受到自然气象条件限制,这种限制造成了不同地区的食物习惯差别,人们在少幼年形成的食性偏好,有的一生中也较难改变,反应在个体方面就形成了饮食文化差别。在我国,气候对人们主食影响最典型的可算"南稻北麦",即南方人喜欢吃大米,北方人喜欢吃面食。大体上在秦岭—淮河以南,春雨、梅雨雨量丰富,非常适合种植水稻,在我国南方历史上一直以大米及其制品为主食。在秦岭—淮河以北的北方地区春天雨水稀少,素有"十年九春旱"之说,历史上一直种植耐旱的小麦,人们也主要以面粉制品如面条、馒头、饺子、大饼等为主食。因此,我国北方面食文化比较丰富,更成为当地居民的一种消费心理习惯。在降水更少的内蒙古、西北地区和夏季很冷的青藏高原上,或因干旱,或因寒冷,那里已不能生长庄稼,只能长草,当地人主要以放牧为业,因而便以牛羊肉、奶为主食,并成为当地居民一种稳定的消费心理。今天我国内蒙古奶业发展已经成为这一地区的经济支柱。

水果是人们非常喜欢的食物,但水果生产也具有明显的气候地域性,不同气候区域人们对消费水果的心理反应也有不同。在我国,热带、南亚热带水果椰子、芒果、菠萝、桂圆、荔枝、柚子、香蕉等最怕出现0℃及以下低温,因而只分布在华南地区。柑橘、枇杷等亚热带水果能耐轻寒,但在零下 9℃左右低温时仍会造成严重冻害,因此只宜分布在秦岭—淮河以南地区。秦岭—淮河以北的温带地区则盛产苹果、梨、柿子、葡萄等温带水果。我国长城以北和新疆北部地区,因为冬季过于严寒,苹果等温带水果也难以生长。新疆等干旱地区阳光充足、气温日较差大,生长期内热量丰富,因而瓜果特别甘甜。吐鲁番的葡萄、鄯善的哈密瓜、库尔勒的香梨、阿图什的无花果驰名中外,形成了富有特色的新疆瓜果文化,如葡萄节、哈密瓜节。甘肃敦煌,古代也因瓜著名,故有瓜州之美称。各种不同的水果，人们在盛产地消费，从心理上就会感到非常平常，而在非盛产地则会感到非常稀有和奢侈。

(3)气象对饮酒心理的影响。人们饮酒的心理变化应当说与气象条件有关。根据实际观察就会发现，饮料消费旺季一般为每年的5月至10月，白酒消费从当年9月至次年5月为旺季，当气温升至28℃时啤酒消费开始进入旺季，低于16℃时进入淡季。这也从一个侧面反应了气象条件变化对饮酒心理的影响。分析这种变化产生的原因，可直接引用法国思想家孟德斯鸠在《论法的精神》中，关于气候与戒酒法律的论述，他说"在炎热的国家，血液中的水分因流汗而大大减少，因此需要同类的液体来补充，所以人们乐于饮水"；"在寒冷的国家里，血液中的水分很少因流汗而排泄的，以致水分在血里积存极多。所以人们可以饮用烈酒而不致凝结血球。那里的人们，体内富于水分；可以加速血液循环的烈酒对他们是适宜的"。他还说"随着气候寒冷和潮湿的程度，酗酒在全世界都是普遍存在的。当你从赤道向北极走时，你会发现嗜酒随着纬度的增加而增加。当你从赤道向南极走去，你会发现从赤道向南和向北走会有同样的嗜酒习惯"[72]。这段论述说明，尽管造成和影响人们的饮酒习惯的因素很多，但气候和气候变化也是其中的因素之一。

人体对酒的氧化度与人体保持的水分、吸入的氧量、个人的情绪和吃进的食物量有关，而前三条相关因素都与气象变化有联系。尽管医学认为，人们饮酒驱寒没有科学依据，人的酒量与气候关系不明显，但饮酒作为一种社会现象，从实际观察看，一般而言，在总体上随纬度增加人们的酒量呈增加趋势，北方地区有饮高度酒的习惯，南方居民则习惯饮低度酒或清凉饮品；冬季人们消费白酒多于夏季，在高温季节，人体对低度酒精具有较好的适应性，因此啤酒比较畅销，在低温季节，白酒销量明显增加。

6.3.3　气象对起居心理的影响

日出而作，日落而息，是大自然的运行规律，也是人类生命体应当遵循的自然节律，人的生理和心理活动会本能地遵循着这种自然规律。日出日落是一天的气象条件变化，其中气温起伏、光照强弱变化呈周期性变化，一天中人们的生理和心理都会随着自然的变化而发生相应变化。根据中医学观点，一年有四季，一天也类似四季，一天是一年的浓缩，一天中也分可为“春、夏、秋、冬”的变化，人们一天的生活节律应当符合这种变化。晚 9 时到凌晨 3 时是一天的冬季，到了晚 9 时，天黑了地也睡了，如果人不睡或夜里睡得过晚就会伤胆气，就会影响身体和心理健康。凌晨 3 时到上午 9 时是一天的春季，天地在此时醒了，人体的细胞在这个时间感应下也醒了，早上当地时间(不是现在的北京时)5 时至 6 时就要起床了。上午 9 时到下午 3 时是一天的夏季，下午 3 时到晚上 9 时是一天的秋季，是人们进行生产活动和社会活动的时间。

居室是人们进行起居活动的重要场所，居室温度、湿度、光照等气候环境对人们睡眠心理会产生比较直接的影响。一般人睡觉时室内温度 20 ~ 23℃感觉最为舒适，容易入睡；在 20℃ 以下时，就会感到凉冷，而超过 23℃也会感到不舒适。但在夏天，睡眠时室温在 25 ~ 28℃ 、湿度 50% ~ 70% 范围内比较适宜。居室气温对睡眠心理的影响，与不同年龄和不同体质的人也有关系，一般来讲，年轻人为 23 ~ 24℃，中年人为 25 ~ 26℃，老年人为 27 ~ 28℃。居室光线的强弱对睡眠也有影响，照度太亮不易入睡，过暗也不好，会使人产生恐惧感。居室的通风透气，也是影响人们起居睡眠的重要因子，如果居室太闭，没有新鲜空气补充，人们就会产生闷闭感，人的心神不宁，也不容易入睡；但如果气流很快，风比较大，对身体会有很大伤害，有的人因此而担心也不容易入睡。

6.3.4 气象对穿着心理的影响

人类因气候寒冷,或者为避免暑气或强光曝晒而着衣,是有其依据和道理的。据人类学家和考古学家研究推测,在200万年前,人类体毛具有自然保护身体的作用,但在长期的进化中,由于不明原因,体毛逐渐脱落,表皮被充分暴露,为了适应气候变化,以避风寒和不被其他兽类伤害,人类才创造了穿衣。因此,美国学者认为“便是热带土人也把兽皮挂在肩上以抵御日光和大雨,而考古学上最初发现衣的时候是在旧石器时代,阿舍利之末,彼时正当第四冰期要到,天气刚在变冷的时候。”[73]

根据考古发现,在距今25000年前的北京山顶洞人就已经使用骨针兽皮缝制衣服,我国考古发现的最早骨针出现在45000年前。在衣服还没有被发明之前,人类可能是依靠烤火驱寒,如《庄子·盗跖》记载“古者,民不知衣服,夏多积薪,冬则炀之”。人类最早的衣服材料为禽兽之皮,如《韩非子·五蠹》曰:古者“妇女不织,禽兽之皮足衣也”[74],《列子·汤问》曰:“南国之人祝发而裸,北国之鞨巾而裘,中国之人冠冕而裳”[75]。由此,可以推测在农耕文明出现以前,人类已经学会穿衣。

当人类从开始披上第一件服装以后,它发展的脚步就一直没有停止,其选用材料、实用功能和文化功能也不断向前发展。特别是为了适应气候环境和四季气候变化,人们服装逐步形成了单、夹、棉、皮各种类型和各种款式的四季服装,而且不断丰富了服装形式,如鞋、帽、袜、手套、裙、长(短)套、耳套,等等。

进入到现代社会,气象对人们穿着的心理影响,其中防寒保温和防光防晒仍然是最重要的功能。

(1)气候区域对人们着装的心理影响。低温地区人们对服装保温性能的心理要求高于质料和衣型,而高温地区则要求散热比较好的质料与样式。因此,在北方地区寒衣厚重,周身紧裹,要求保温性能,冬天人们大多穿皮装和厚重棉装,考虑到保暖条件,一般用料、缝制比较讲究。在南方的热带地区,古代人们的服饰往往比较简单,也不曾有过棉袄和棉鞋之类的厚重衣物。

(2)人们对衣服微气候心理需求。服装是人类防御和适应外界气候变化的有效途径,它与人体间的空气层可以形成“衣服小气候”,以阻隔人体直接与外部环境接触。服装具有隔热、调节辐射和气流的作用,能在一定幅度内调节人体热量吸收而影响热量平衡。衣服的保温状况与衣料的质性、厚度、伸缩性、透气性、吸湿性、吸热性,以及衣服的合身状况、宽松状况等均有关。一般而言,棉布或棉麻等衣料含气容积小、透气好、热传导性能好,宜作夏装;毛皮、毛料品含气容积大、热导性能差、保湿效果好,宜做冬装。衣服颜色通过对外部光照辐射也可以影响人们的体感温度。

(3)人们对服装适应光照的心理需求。一般来讲,强光高温季节人们多选择浅色着装,当然也有受宗教文化影响,或风沙气候影响而例外的情况;在低温季节人们基本选择黑色、灰色或其他深色着装,并且成为一种文化现象。从总体而言,人们衣着颜色随着纬度增加而变深,随着纬度降低而变浅。从深层分析,历史上人们形成的衣着颜色审美,其背后也有气候的原因,反应了人与自然在颜色选择上的协调。当然,随着社会进步与发展,特别是新型服装材料的出现,地区之间由温差形成的衣着颜色审美的差别会明显缩小。

第 7 章　气象心理分析与干预

"社会心理学是系统研究个体在社会情境中的种种心理过程和行为表现的科学"[76]，具体研究特定社会条件下人们心理的发生、发展和变化的规律。每一个人都生活在具体的气象环境之中，气象不仅是自然环境的一部分，也是构成人类社会生活情境的重要组成部分。在人们心理活动中不仅存在一些不自觉的心理反应，而且人们对过去的气象情境有着比较深刻的心理体验和感受，对未来不确定的气象情境变化又怀有比较复杂的心理。

7.1　气象与普通心理

7.1.1　气象心理过程

气象心理是人们对气象环境及其变化的一种综合心理反应，它包括了人们对气象环境及其变化的认识过程、情感过程和意志过程，由于气象心理过程的相互交织、相互影响，人们面对具体气象情景可能表现出极其复杂的表情和行为。

第一，人们对气象的心理认识过程，是指人脑对气象环境、现象及其变化的反应过程，具体包括对气象的感觉、知觉、记忆、想象和思维等过程。从纵向分析，穿越历史时空，人类对气象的认识经历了漫长历史的过程，从朦胧气象意识到气象神话，从气象神话到气象经验认识，从气象经验认识到气象科学认识，并从近代气象科学到现代气象科学，大致可以划分为蒙昧时代、神话时代、经验时代和科学时代。

(1)人们对气象的感觉是认识气象过程的起点。感觉是人脑对直接作用于感觉器官的客观事物个别属性的反应。人们对气象的感觉是运动着的大气作用于人的感觉器官而引起的，它既可通过个别的自然气象现象，又可通过气象的物理属性被人所感觉。人体皮肤觉能感觉大气的冷暖和干湿，视觉能感受到云、雨、雪、霜、雾、雷电和大气光等现象，听觉能感觉到雷声、风声、雨声，有些气象现象可以通过人的多种感觉器官进入感觉系统，如晴天雨天。因气象原因引起许多自然现象，也可以进入人的感觉范围，如风浪、风沙、干旱、洪水、冰冻等气象现象。人可通过感觉的同时对比、相继对比来感觉气象，如晴雨、冷热、干湿等等。人类对气象的感觉是人类在与自然长期相处的过程中逐渐发展和丰富起来的，也是自然气象现象长期影响人类活动的实践，经常不断地刺激人脑的反应。

(2)人对气象的知觉是一种复杂的探索性认识过程。大家知道，知觉是直接作用于感觉器官的客观事物整体属性在人头脑中的反应。人的气象知觉反应的是气象现象的整体属性，而不是气象现象的个别特性，因为任一气象现象都不是一种孤立的现象。例如，下雨时往往伴具有雨滴大小、雨的降落、雨的液态、雨云流动等等不同特性，而这些特性是彼此统一的。因此，人们对雨的知觉并不是对雨的上述个别特性感觉的简单的总和，而是一个具有这些统一的特性现象——雨的反应。对其他各种气象现象的知觉反应都是如此。在人们对气象的知觉过程中，已往的经验起着很重要的作用，例如当人们看到下雨时，就会感到它是流动的液体，雨水很大时会冲毁房屋，雨水会淋湿人们的衣物，雨会滋润万物等等，这些就是人们已往的经验在知觉过程中的表现。气象观察、观测过程是一种特殊形态的气象知觉过程，与一般气象知觉过程区别在于，它是预先有一定目的认识活动，是一种有目的、有计划、有组织的知觉活动，在我国古代的甲骨文中就有当时人们开展气象观测活动的记录，几千年来人类对气象的观察、观测活动得到不断发展。人们对气象的知觉过程也包括对气象科学有一定程度的理解。

(3)人们的气象思维是人大脑把气象作为客观事物间接概括的反应，它能认识到气象现象的本质和气象与其他事物之间的内在联系。它不同于人们对气象感觉和气象知觉，气象思维，是人们对气象进行概括的认识过程，它能反应气象事物的一般特性，以及与气象有关事物有规律的联系。例如，人们通过知觉过程，只能认识到某一次大风能吹断某一棵树，而不可能通过感觉过程和知觉过程认识风的形成原因和风的运动规律。但是，通过思维，人们则能认识到风力足够大时能够吹断所有的树，能吹倒房屋，并且能够认识风的移动速度、形成原因和运动规律。人们通过气象知觉过程，能够认识到大气的冷与暖，也能大致区分冷暖程度，但不可能认识到大气实际的温度值，气象思维则借助气象观测工具，能比较准确地认识气温的读数和气温的变化曲线。今天人们通过感觉过程和知觉过程，不可能了解 1 万年前的气候冷暖状况，但通过思维过程并借助对冰芯、孢子、地下沉积物的研究，可以认识到 1 万年前的地球气温情况。

人类对气象的认识是从感觉和知觉开始的，气象感觉和气象知觉是人们进行气象科学思维的必要基础。对气象的感觉过程是人们的最简单最基本的气象认识过程，人们只有在气象感觉和知觉过程所提供的具体材料的基础上，才可能进行气象思维，才可能认识气象现象运动的本质和规律。人类在长期的气象环境刺激下，产生了对气象的感觉和知觉，随着人类语言的产生而逐步形成了气象现象概念，并且在长期的实践活动中气象概念被不断充实和丰富。随着气象概念的产生和不断丰富，人类的气象思维内容也不断增加和发展，由此便产生了气象神话。在文字出现以后，人们把语言概念转化为文字符号，各种气象现象的语言概念也很快有相对应的文字符号。在我国现存的甲骨文中，一些常见的气象现象都有相应的文字表达，而表达气象现象文字的出现，为进一步积累对气象感觉和气象知觉经验创造新的条件，人们能够把经常发生的气象感觉和气象知觉过程用文字记录下来，这就为人们形成经验性的科学思维发展提供了条件和可能,中国乃至西方古代气象科学就是这样逐步发展起来的。

根据马克思主义观点,人类对气象从本能性的心理感觉过程和知觉过程,发展到蒙昧时代有意识的能动思维阶段,劳动起到了决定性的作用。气象神话反应了原始社会人类对气象现象的思维能力和水平,随着人类生产和生活经验的进一步丰富和积累,气象思维水平不断提高,并逐步走出气象神话,形成了经验性气象知识,并产生了以经验为基础的古代气象科学。近现代气象科学借助现代科学和技术手段,使人类气象科学思维得到全新的发展,人们对气象形成的科学认识越来越接近大气运动规律,并且还在不断深化与发展。

第二,人们对气象的情感过程,是指人们心理对气象环境、现象及其变化的情绪和情感反应过程。气象心理情绪,是人作为生物个体对气象环境变化的心理反应。一般气象条件下,经过生理和心理的自然适应,正常人的适应气象环境的情绪心理大都处于相对稳定的状态。但是,当气象条件或环境发生较大变化时,尤其发生极端天气气候事件,人们的情绪表现可能比较明显。

(1)社会气象心理情感是人们对气象环境变化所持态度和内心体验的反应。人们对气象环境变化中所持的态度和体验比较复杂,对具体天气条件而产生喜、怒、哀、乐、爱、恨、惧、畏等情感体验均有。人们对气象变化既存在确定性的情感,又存在不确定性的情感。作为确定性的社会情感,一般情况下则有久晴转雨、久雨转晴则喜,久热生凉风、久寒遇暖阳则喜,久晴、久雨、久热或久冷则忧,等等;不确定的社会情感,则随着不同社会群体和不同社会情景而变化,如白居易笔下的卖炭翁在雪天卖炭的情景,“可怜身上衣正单,心忧炭贱愿天寒”,它说明了尽管是冰天雪地,卖炭老人衣着单薄,但他仍然希望天气再寒冷一些,木炭才能卖出好的价钱,可见人们气象情感的复杂性。在现代社会,这种心理现象仍然在发生,如天气炎热,对空调商、冷饮商、电扇商而言就是商机,就是发财的机会，天气越热他们的心情可能越好，而对一些患病老人就可能是灾难，因为天气久热会加重他们的生理和心理负担，住院死亡会因气温升高而明显增加。

(2)社会气象心理的情感过程具有时代性特点。人们对气象情感的表现大都与社会生产生活相联系，在不同的时代，同一气象现象发生可能引起人们不同情感反应，关键在于这种气象现象与人们社会活动联系的紧密程度。例如，人们对大雾天气的情感体验，在工业文明时代比农业文明时代强烈得多，因为在工业时代大雾可能造成工业大气污染物在近地扩散，并随着水雾污染物进入人体，并严重危害人们的身体健康；大雾还可能造成机场和高速公路关闭，严重影响人们的出行安全，以致造成雾灾。在现代都市，大雾天气给人们形成的情感体验往往是交通拥挤，事故增加，出行不便，有的人在外出行还会产生安全焦虑。晴雨天气，以往农民比较关注，以便安排和组织农业生产，而现在城市更为关注，因为城市人的户外社会活动增多，天气状况既影响人们出行的方便，又涉及人们活动方式、时间和地点的选择。因此，随着时代发展，人们对气象的情感过程会发生不同的变化。

(3)气象社会心理的情感过程具有群体性的反应差异。气象变化不仅有人体的气候适应，更有人们生产活动的气候适应。如面对冬雪，富人阶层可能产生“瑞雪兆丰年”的感受，贫民阶层则可能产生“寒雪冬难度”的感受。对许多气象现象，特别是对晴阴雨雪和气温变化的心理反应，也具有比较明显的社会群体差别，因为与气象有密切关系的生产活动，在不同气象条件下会影响人们社会活动经济成本和时间成本，有的人可能从某种特定的气象环境受益，有的可能遭受损失或活动受到影响，有的则没有直接关系或影响不大。因此，不同群体对相同气象现象会表现出不同的情感反应。

第三，人们对气象的意志过程，是指人们心理对气象环境、现象及其变化主观能动地做出行动选择的过程。人们对气象的认识过程、适应过程和应对过程，在本质上也是人们意志对自然气象的反应和表达过程。人们对气象的认识、适应和应对，既展示了人类意志的坚定性、持续性的品质，也反应了人类意志在一定历史阶段的局限性和脆弱性。从坚定性和持续性分析，人们对气象现象的认识和研究持续几千年从未中断，对气象条件的适应和利用始终在不断开发和创造，对气象灾害防御和抗争始终在持续和发展，一些气象防灾工程从初建到遭遇灾害后不断重建、再建，这样的重复有的持续几代人，有的则持续几千年，充分显示了人们坚定的气象意志过程。

从人们气象意志过程的局限性和脆弱性分析，由于受社会生产力发展制约和科学技术发展的局限，人们对气象认识，有时过于神秘，如“天机不可泄露”、“天有不测风云”之说；有时则过于神话，如“后羿射日”、“女娲补天”、“夸父追日”之传说；有时过于理想，如“人定胜天”、“与天斗、与地斗其乐无穷”之观点；有时则过于悲观，如天灾不可抗、天意不可违、听天由命等等，特别是遭遇重大气象灾害时，甚至可能完全摧毁人们的抗争和生存意志。直到科学技术高度发展的今天，人们尽管可能表现出非凡的积极的气象意志，但同时也存在消极的气象意志心理，如果一场严重气象灾害来临，部分社会成员仍然会显现出比较薄弱的防灾避灾抗灾意志。

人们的社会气象心理过程，一般有正常和异常心理过程之区别。在天气正常情况下，人们的心理反应比较平静，情绪比较稳定，当气象出现反常或异常时，人们往往比较关注天气变化，开始在心理上自觉地做出适应性判断和调整，只有当气象异象持续而造成财产损失或人体安全受到危害时，人们的心理反应才开始比较复杂，心理波动起伏很大，一部分人可能继续表现出良好的心理状态，并积极组织应对或帮助人们应对，而另一部分人（也许是大多数人）则可能表现出畏惧和逃避的心理状态。

第四，人们的气象心理过程，存在简单和复杂心理过程之区别。简单心理过程，具体表现为在日常生产生活中经常表现出的心理现象，如今天气温如何？是否需要增减衣物，今天的天气如何出门是否要带雨具，出门时家里是否需要关门窗，外面是否能晾晒衣物等，这些都是人们简单的气象心理反应，而且具有社会普遍性。复杂心理过程，主体表现是由于天气不确定原因可能会影响人们的重要活动或重大行为调整，这种情况下人们对气象的心理反应尤其复杂，如出行坐飞机，当可能因为大雾影响飞机安全起飞或安全降落时，对准备坐飞机者的心理就比较复杂，是坐飞机还是乘火车有时会犹豫不决。这对全社会而言也是如此，如长江遇到大洪水年，在决定分洪还是抗洪的紧要关头，对未来天气变化的把握有时就很难下定决心，决策者的心理往往也相当复杂。

7.1.2　气象心理特征

气象不仅是构成人们生活环境的重要组成部分，而且是人们从事生产获得生活资料来源的自然条件和资源。就其社会心理发生，不仅具有一般社会心理发生的共性，而且具有经常性、普遍性和必然性的特点。

社会气象心理不是人们心灵单纯的主观反应，它是气象作为客体直接或间接作用于人脑、或人体而产生的心理反应。其反应的复杂性，使得同一气象条件或现象通过人们心理的认识过程、情感过程和意志过程，对不同的社会群体或社会个体，气象心理发生可能呈现出积极或消极的意义。社会气象心理发生与其他社会心理现象发生具有一些共性特征。

第一，气象心理发生的社会情境性。根据社会心理学界定，社会心理发生强调的是社会群体或个体对“社会情境”的心理反应，但如何界定“社会情境”，大多社会心理学专著界定的是“社会因素”、“社会因子”，没有明显包括人对自然因子的心理反应。马克思主义观点认为，“社会是人同自然界的完成了的本质统一，是自然界的真正复活，是人的实现了的自然主义和自然界的实现了的人本主义”[77]。这里马克思把人化自然,即泛指已经进入人类视野、即将或者正在或者已经被人类的实践活动所改造的那部分自然都纳入社会的范围。据此,完全可以肯定气象既是自然因子,也是社会因子,社会气象心理是人们对构成自已生产生活的“气象情境”的心理反应,其心理反应表征比较明显,心理发生是由气象作为诱因,直接或通过中间介质对人体或人脑发生作用,并引起发生相应的心理过程。作为应用心理学的分支,即环境心理学是研究环境与人们心理关系的科学,这里的“环境”一般是指人们“周围的自然环境”,当然包括气象环境,也有的社会心理家认为应当包括社会环境。显然,研究气象与社会心理的关系,无论是社会心理学,还是环境心理学都有确定的理论依据。

第二,气象心理发生是人类在劳动实践中逐步产生和发展起来的。人们(包括今天的人)的气象心理发生既有人作为动物对气象环境的本能反应,更有人作为社会产物对气象环境的意识反应,后者是主要的、本质的。根据对动物的心理研究,一些高等动物对气象环境的变化,也存在本能的感觉、直觉、知觉和抉择等心理反应,“人类与其他高等动物在少数几个本能上是彼此相同的,如彼此都具有一些感觉、直觉和知觉,”少数高等动物“也具备一定的模仿、注意、深思、抉择、回忆、联想、推理等等的能力[78]。”但在达尔文看来,这些只是“本能”上的动物心理,他认为“在心理方面,最低级的人和最高级的动物之间,存在着极其巨大的差别”,“任何低于人的动物,是没有自我意识的”[79]。根据进化论的观点,人类作为动物本能的气象心理反应,为人类社会气象心理的发生只是准备了充分条件,包括人类进化到今天还存在一些本能的气象心理,但对人类社会气象心理发生起决定性作用的是劳动,人类社会气象心理是人们在长期的劳动实践中逐步产生和发展起来的。气象与人类的原始劳动对象具有天然的紧密联系,人类在原始社会就产生了原始农业和畜牧业的分工,“中国早在7000年前黄河流域就开始种植粟、稻[80]”,稻作的种植说明那时人们至少具有了早期的气象意识。

第三，气象心理发生与其社会心理发生比较也有其特殊性。这就是社会气象心理发生的普遍性和必然性。其普遍性，是指气象对人们心理的影响无所不在、无时不在，因为人们的一切生产、生活活动都在具体的气象环境中进行。

(1)每个人作为社会个体与气象自然之间时时都存在着密切的气、热、温、湿、压平衡与交换，时时作用于人的躯体，影响着人的生理和心理。气象是人们生活不可离开的环境条件，人与大气的关系如同鱼与水的关系，变化的气象因子、气象现象、气象周期和气象相关现象，经常不间断地直接或间接地作用于人体或人脑，每个人都会在生理和心理上作出一系列的反应，如天气炎热，人体会通过出汗的生理反应来散发体热，以保持体温平衡；人体出汗又导致身体失水而引起干渴的心理反应，人们通过饮水补水以达到身体水分平衡，如此循环。当然，人们通过一系列的心理反应，还可以选择降低环境气温、或加快汗水挥发、或置身于低温水体中等措施而达到消暑的心理需要。

(2)人们通过观察气象对劳动生产对象的影响，或由气象原因引发的次生影响，如农作物的生长状况、植物季节变化、病虫害发生等现象，人们根据自己积累的气象心理经验，通过人脑的第二信号系统进行气象心理活动，按照环境相关物—气象心理经验—气象心理联系的路线发生气象心理。

(3)气象对社会群体具有普遍性的心理影响。维持人类生存的食物资源与气象条件有着密切的关系，气象的风调雨顺，预兆的是五谷丰登，带来的是国泰民安的社会心理。气象的旱涝异常，预兆的是减产歉收，带来的可能是国力不济，饥民浮生的社会心理。如果发生气象灾害，社会心理可能处于高度紧张状态。

(4)气象对社会个体心理具有必然性影响。气象对人们心理的影响是一种客观存在，它是由“气象与人”构成的自然关系决定的。中国古代医理称：“自古通天者生之本，本于阴阳[81]”，讲的就是人的生命与天气息息相通,阴气阳气是人之生命的根本。人类与气,也可谓与气象之间具有必然的联系,人的许多器官都是人类在漫长的进化中适应“气”环境的产物,如人的呼吸系统、皮肤系统,以及与“气”环境作适应性调整的神经系统等。气象环境的变化,人体既存在自然的适应调节功能,这种情况下心理的反应有时未必能引起人的意识注意,但当气象变化超过了人体自然的调节范围时,就会引起人的意识反应而采取物理的方法进行调节,使人体适应气象环境的变化。

(5)气象对社会群体的心理变化具有强加性。气象变化影响社会群体心理,可分为社会群体的自然心理反应和社会心理反应。所谓自然心理反应,是指社会个体受到气象变化的影响,生理刺激性适应而自然产生的心理活动,如干喝饮水,御寒增衣等心理活动,个体自然心理反应还可以分为无意识和有意识心理反应;社会心理反应,是指社会个体或群体在受到气象变化影响时,为调整社会生产或社会生活而产生的心理活动,它具有社会属性,如组织和动员进行防汛、防台风、防治沙尘暴和抗旱等社会心理活动。

人们生理和心理对气象环境变化的适应,在一定范围内可以无意识地进行。当然,如果有意识去感觉也能被人们的意识所反应。一般来说,气象环境变化的幅度比较大,或者超出人体正常的适应范围,人们的气象心理发生就会进入有意识状态,并可能通过人脑命令采取有意识的行动而适应气象环境。但这种心理反应过程也被气象变化所强加的,人们只能是被动地选择适应。

7.1.3 气象心理的积极意义

人类社会气象心理发生和强化,既是人类自然心理的反应,更是人类生命生存或社会发展经常受气象变化威胁的反应,它是人类社会心理发生的组成部分。它的发生和强化对增强人类意识发展,促进人类历史文明进步,推动气象科学技术进步具有积极意义。人类在长期的劳动实践中,随着人类意识能力的发展,气象心理活动也变得日益复杂和丰富，在其作用下推动人类创造了大量与气象环境相适应的文明成果。

中国古代非常强调“顺应天时”。人是自然的一部分，气象与人并不是一种简单的自然环境关系，仅从人类个体存在和发育的呼吸系统判断，气象则是构成人类个体存在的组成部分，人体始终在自觉或不自觉地作适应气象环境的生理心理反应。人们有意识地适应气象环境不是被动的，而是主动的和有目的性的，人类的这种心理特点，不断地促进了人类适应气象环境能力的增强。

第一，促进人类生存活动范围不断扩大。适应气象环境是人们共有的心理反应，在完全自然状态下，人类适应气象环境的范围是比较有限的，人体所能忍受的体温范围只有正负 4℃，即体温在 32～41℃之间意识尚清醒，人体有效体温范围为 36～39℃。从气温单要素考虑，人裸体在长期自然条件下的气温适宜范围是 28～32C℃，人体舒适的气温范围 20～24℃[82]，人体能够自然调节适应的气温范围为“10～40℃”[83]（如果考虑风、湿、光照、时间和人的体质要素，气温适应范围会有较大变化）。因此，在蒙昧时代“人还住在自己最初居住的地方，即住在热带的或亚热带的森林中”[84]，在完全自然状态下人类只能生活在那样的气象环境之中。但人类学会了用火之后，“人们便不受气候和地域的限制了，他们沿着河流和海岸，甚至在蒙昧状态中也可以散布在大部分地面上了”[85]。人类“从原来居住的总是一样炎热的地带，迁移到比较冷的、在一年中分成冬夏两季的地带后，就产生了新的需要：需要有住房和衣服来抵御寒冷和潮湿，需要有新的劳动领域以及由此而来的新的活动，这就使人离开动物愈来愈远了”[86]。在气象环境适应心理的支配下，人类对火、衣、住的应用技术不断提高，极大地促进了人类越来越多的创造，使人类活动的范围越来越广，从温暖的气候带逐步向全球范围扩散，最后发展到在只要能找到食物地方，人类足迹就能到达。

第二，促进人类对自然环境关系的整体认识。气象是人们感受最直接、最经常的自然现象,人类在最初认识世界事物的时候往往是把人类、生物、植物、自然联系在一起的,事物相互联系是人们最基本的思维心理。在中国古代,当人们对气象现象有一定认识时,就会由此推及对相关事物的认识,而对相关事物的认识也会推及对气象现象的认识,这反应了人们对事物认识相互联系的心理特点。与气象相联系的思维心理,是人们在长期实践中形成一种普遍心理现象。中国古代通过对气象现象观察、分析和总结,抽象形成了具有哲学意义的"气"之概念,"气"既包括而又远远超出了"气象"的内涵。在广义上,"气"成为中国古代哲学、医学、农学、天文学、建筑学等众多领域的重要概念,人们把"天气"的认识推及到对"地气、人气、生气、物气"的认识,极大地促进了人类对自然环境关系的整体认识。把对天气与对人的认识结合起来,形成了最具中国特征的中医学,如《黄帝内经～生气通天论篇》说:"天地之间,六合之内,其气九州九窍、五藏、十二肢节,皆通呼天气"[87],这是说人气与天气有着非常紧密的联系,该章通篇以阴阳二气和天气变化来讨论对人体的影响,这种认识是中医学的基础。把认识气象现象与认识其他现象结合起来,说明事物的变化规律,如老子在《道德经·二十三章》中说:"飘风不终期,骤雨不终日。孰为此者,天地。天地尚不能久,而况于人乎?",其意为"狂风刮不了一个早晨,暴雨下不了一个整天,是谁造成这种现象呢? 是天地。天地的狂暴行为尚且不能持久,更何况人呢[88]?"这里以狂风暴雨两种天气现象不能持久的事实,说明事物持续运动和突变运动的关系。把对气象与农业关系的认识结合起来,使人们掌握了许多古代农业气象知识,如瑞雪兆丰年,春雨贵如油等等。除此之外,中国古代还把对气象变化、气象灾害的认识与国家政治结合起来,引起了国家和社会对气象变化和防御气象灾害的重视,促进了农业社会经济发展。

第三,促进人类社会生产生活适应和利用气象环境的内容不断丰富。人类在自然发展阶段,面临最普遍、最经常性的压迫就是自然气象灾害，人类要在风雨寒热的气象环境中生存与发展，则需要不断进行创造，不断生产和丰富人们的食物和御寒用品。人们适应气象环境变化，不是一种单纯的本能行为，而是在劳动实践中的不断创造，是一种自觉和自为的行为。人们为了适应寒冷的气温条件，在漫长劳动实践中先后创造发明了衣、袜、鞋、帽、手套、耳套、被以及其他各种保暖、取暖器具，而且拉动了各种保温材料的创造和生产；为了降低暑热气温，创造生产了纳凉卧具、各式手扇、风扇和制冷设备；为了降低雨天对人们活动造成的影响，创造发明了斗笠、雨衣、雨伞、雨鞋、雨棚以及各种防雨用具和设施；为了获取气象之利而避开其害，人们创造了建筑，而且房屋建筑不断以满足人们对气象环境怕高温、避低温，需要透光又怕强光，需要通风又怕强风，需要保湿又怕高湿的生理心理要求为取向；为了根据气象条件指导农业生产，中国古代在实践中总结出了指导农业生产的二十四节气。直到今天，人类创造适应和综合利用气象环境的活动还在继续发展，如创造人控小气候环境发展高科技农业，利用太阳辐射能转化为太阳热能和太阳电能直接用于居室生活需要，等等。

第四，促进人类气象科学思维的进步和发展。人类的智慧发展，并不满足于一事物是“什么”？而要追根刨底地问为什么？这就是人类探索心理的反应，是人类认识由感性上升到理性的重要思维特征。人类对气象的认识也是如此，人们并不满足各种气象现象是什么，而始终在追求探索为什么？人类对气象的探索一直伴随着人类的进步和发展进程，无论在中国古代神话，还是在西方古代神话中，都保留了许多气象神话和传说，如中国古代黄帝战蚩尤的神话说：“蚩尤请风伯雨师，纵大风雨。黄帝乃下天女曰‘魃’。雨止，遂杀蚩尤”[89]。这里的“风伯、雨师、魃”就是传说中的风神、雨神和旱神。如古希腊传说中的宙斯，也是一位气象之神。人类早期气象神话产生是人类智力进化的反应，随着人类智力和社会生产力进一步发展，解释气象现象为什么的问题一直在深化。古希腊亚里士多德《天象论》,在当时条件下对各种气象现象形成及关系进行了论述。中国古代思想家荀子在《天论》说:"列星随旋,日月递照,四时代御,阴阳大化,风雨博施",他认为列星、日月、四时、风雨都是一种自然现象。我国东汉思想家王充在《论衡》中,提出了"天地合气,万物自生"的观点,他对许多天气现象的形成进行了科学解释。正是对气象科学的不断探索,促进和推动了近现代气象科学诞生和发展,到近现代一些凡是能帮助人类认识气象活动规律的其他相关领域最新成果,如飞机、雷达、卫星、计算机和网络等技术很快在气象科学领域得到应用。

第五,促进人类防灾抗灾集体和国家主义精神形成。人类社会进步和发展的过程,是同大自然既适应又相抗争的过程,特别是农业、牧业经济逐步成为人类获得食物主要来源以后,影响人类食物安全最大的障碍就是自然气象灾害。人类面对各种自然气象灾害,依靠个体的力量进行抗争是极其有限的,面对经常性的气象灾害,人们认识到了集体的力量,无论是修建防御气象灾害的水利工程,还是遇到大灾年的相互救助,都需要依靠人们的集体力量。在历史的长河中,气象灾害不断地重复发生,人们集体抗救气象灾害的心理也不断被强化,这对人们集体主义和国家主义精神意识的形成和强化起到了重要作用。

以上分析了社会气象心理的作用和意义。当然,我们不能把这种作用和意义绝对化,也不宜过分夸张。它是社会心理综合反应的组成部分,人们的气象心理既受其他社会心理反应的影响,它又可能影响人们其他方面的社会心理。还应指出,人们的气象心理转变为人们的意志行为,还需要很多相关社会条件和环境条件。根据早期人类的心理发展水平,甚至在现代科学技术尚未得到较大发展的 300 年前,人们很难科学地回答大量的气象科学问题,但是探索"气象为什么"的问题却始终伴随着人类社会的全部过程。人类社会发展到今天,以上各种气象社会心理现象依然在发生,而且相互交织,尽管非科学性气象心理在减少,但对气象科学幻想可能依然存在，人类仍然在预想能有一天不仅能准确预测预报任何时段、任何地区的天气变化，而且可以根据人类的意志调节气候，风来雨往尽随人类的愿望。

7.2 气象对民族心理的影响

民族心理主要是指一个民族作为一个群体所具有的典型心理特点，是特定民族在长期的自然环境与社会环境的制约与历史文化的积淀过程中形成的，不同区域的民族性格、民族意识、民族感情都会受到相应区域气候的影响，并会形成不同的民族心理特征。

7.2.1 气象与民族性格

民族性格又称国民性，即一个国家的人民由于生存的自然环境所决定的生产方式，从而形成了与之相适应的社会心理、社会意识。民族性格也可以说是一个民族成年人中最频繁出现的比较持续的人格特点或方式，并称之为“众趋人格”，具有广泛、频繁出现和持续的心理特征。

关于气候对民族性格的影响，法国思想家孟德斯鸠早有研究，对不同气候带的民族心理形成及原因多有分析。他在《论法的精神》中认为，由于冷热空气对人体外部纤维末端刺激程度不同，他指出“人们在寒冷气候下，便有较充沛的精力”，“有较强的自信，也就是说，有较大的勇气”，“对自己的安全较有信任”，“较为直爽，较少猜疑、策略与诡计”；“炎热国家的人民，就像老头子一样怯儒”，“气候有时可能极度炎热，使身体完全丧失力量”，例如“印度人天生就没有勇气，甚至出生在印度的欧洲人的儿童也丧失了欧洲气候下所有的勇气”[90]。他认为气候不同使得人们对快乐的感受性不同，指出“在寒冷的国家，人们对快乐的感受性是很低的”，“北方人的心灵对疼痛的感觉就比较迟钝”，“在北方的国家，人们的体格健康魁伟，但是迟笨，他们对一切可以使精神焕发的东西都感到快乐，例如狩猎、旅行、战争和酒”；“在温暖的国家，人们对快乐的感受性就多些”，“人们对快乐的感受性是极端敏锐的”，他们的“体格纤细、脆弱，但是感受性敏锐”，特别是爱情具有高度的敏感性，“人们是为爱情本身而爱爱情”[91]。民族个性特征形成的影响因素十分复杂，孟德斯鸠的这些分析是否科学还有待更多的研究，但至少说明因气候差异对民族性格的形成会产生一定影响，气候是影响民族性格特征的因素之一。

同一区域气候具有相对的稳定性，区域气候对民族性格的影响主要通过三种方式。一是气候对民族身心的直接影响，热带地区长年气温较高，受这种气候环境的影响，人们的身体裸露，皮肤张开，肌肤松弛，气血在表层活跃，血脉舒张快而无力，肌体纤弱，神经系统敏感，从而影响到性格既易冲动、易暴易怒，但勇气不足，也难持续；在寒带地区长年气温较低，受寒冷气候影响人们的身体多数时间衣装紧身，皮肤奏紧，气血内藏，肌体紧缩，血脉舒张有力，肢体动慢而有力，从而影响到性格偏缓，意志坚强而能持续。二是气候变化对身心的重复刺激和锻炼，在寒冷地区四季变化明显，年温差和日温差都比较大，人们肌体、血管均频繁受到扩张和紧缩的刺激和锻炼，也锻炼了心脏，这不仅增加了身体抗压能力，也影响到性格面耐力和持续性；在热带地区气温的年日较差都较小，人们的肌体没有受到寒热起伏变化大的锻炼，就多数人而言在耐力和持续力方面自然不如高寒地带的人群。三是气候条件通过影响劳动方式而影响民族性格，在自然经济条件下，人们具体的劳动方式尽管千差万别，但是在不同的气候带人们通过长期的自然选择则形成了牧业、农业、采摘业三大生产区域，由此对民族性格的形成自然会产生不同影响。

在《论法的精神》中，孟德斯鸠对气候与社会信任心理、气候与社会婚姻心理、气候与社会政治心理、气候与社会宗教心理等还进行了分析。

7.2.2 气象与民族精神

民族精神是反应一个民族在长期的历史进程和积淀中逐步形成的民族意识、民族性格、民族信仰、民族宗教,民族价值观念和价值追求等共同特质的综合反应,是一个民族维系、协调、指导、推动民族生存和发展的精粹思想,是一个民族赖以生存、共同生活、共同发展的核心和灵魂。气候对民族精神的形成及其发展的影响也是显而易见的。一个民族要生存和发展,自然离不开对气候自然资源的占有和利用。世界各民族在漫长的自然发展阶段,由于处在不同的气候带,陆地气候自然资源本身就存在分布不均性的差异,这种差异足以影响一个民族精神领域许多关键性的品质形成和保持。

根据自然法则,地球生物如果"富阳"就会产生趋阴的本能,如果"负阴"就会产生趋光性而具有"抱阳"的冲动,人类作为自然生命体也不例外。但由于地球不同气候带,冷热分布不均,处在不同纬度的民族,各自抱阳趋阴的状况不同,其生命体对自然的感受自然也会产生差别,以至也会体现在不同的民族精神之中。一般来讲,处在南方的民族,由于太阳能量转换为食物的数量和速度都远高于北方,其居民拥有较多的食物生存资源,就相当于拥有较多的"阳",自然会缺乏"抱阳"(获取更多能源)的冲动,也会缺少征服和掠夺的欲望。处在北方的民族,由于远离太阳能量的自然转换缓慢,长年低温,阳少而阴负,自然能量转化为食物时间长,自然就会产生争光"抱阳"和生存空间排他的冲动。"阳多趋阴,阴多抱阳"是生物生命体的自然法则,自然也会反应在具体的民族精神之中。

在热带地区气候背景下,气候资源丰富,各种植物、作物生长繁茂,人们的食物来源充沛,获取方式也十分简单,在早期人们通过采摘或者最简单的劳动就能比较容易地获取到丰足的食物。由于没有食物短缺的威胁,那么人们的生存意欲更多关注的是舒适、快乐和永生，由于经常受到高温和强光照的袭扰，人们会本能地产生趋凉、趋阴、趋静和安逸的意欲，并会上升为一种民族的精神，还由于外界没有四季枯荣之变，自然界的年变化并不明显，人们也会自然地追求精神永生，生命轮回就是这种精神的反应。如印度 60% 的地区属于热带季风气候，终年高温，雨量丰沛，非常适合农作物生长，随便播撒些种子就能取得好的收成，人们的食物来源比较容易，政治和宗教也不需要鼓励人们过度的劳作而需要鼓励安分，加之长期湿热天气经常侵扰着人们体感，人们自然喜好趋阴、趋凉、趋静、懒散、求安逸，又因为短命（1947 年人均寿命仅为 27 岁，直到 20 世纪 80 年代，也只有 40 余岁，）而求精神永生，这样的宗教和哲学精神也最适合印度居民。因此，在印度民族的业报轮回、淡漠历史、理想主义与浪漫主义、宽容与非暴力、梵我同一等宗教和哲学精神中就可以发现自然地理气候对民族精神的烙印。

在寒冷地区气候背景下，温热气候资源不足，各种植物、作物生长不仅缓慢而且还有漫长的冬季休眠，人们的食物一方面来源于狩猎，一方面来源于牧养生畜转换，显然食物来得不太容易，狩猎需要勇敢，食物不保则需要争夺，加之寒冷使生命体始终具有趋温抱阳的冲动和向往，而且气候变化的不稳定性，冷年或频繁出现冷年居民食物还可能出现中断，而夺取食物是所有战争和冲突最简单的理由。如在欧亚大陆上，历史的启动与北方游牧雅利安人所处的气候有关，四千多年前，雅利安民族处于高纬度的寒冷地带，在正常年份他们能够勉强维持生存，但如果在气候冷年会造成气温下降，那就会产生食物难保的灾害，因而他们对光和热较丰富的南方会产生争夺之心，以解北寒地区经常受到食物断缺的困扰，他们具有向南扩张的意欲。在公元前 2000 年，雅利安人南下灭掉了古印度的哈拉帕文明，而定居于印度之后，其扩张的冲动也随之消失，已不再需要像北方寒带民族那样争阳的意欲和冲动，于是产生了印度教和佛教。

地处寒带气候的俄罗斯，地跨欧亚两大洲，冬季时间长，气候寒冷，这种自然气候条件孕育了俄罗斯民族既有土地广袤形成的奔放又有寒长阳少造成的忧郁，既懒散又有抗寒耐力的双重性格特征。一方面具有广大而肥沃的土地，广大的空间造就了俄罗斯民族豪放的性格，舞蹈奔放粗犷；另一方面漫长而寒冷的冬季却给人们留下了生活的重负与精神的压抑，也因而嗜酒无度，缺乏纪律。因此，俄罗斯人表情显得庄严、肃穆、凝重多于微笑；但心情忧郁、伤感、沉重多于轻松。虽处寒冷气候带，但由于肥沃的土地，有取之不尽、用之不竭的资源，人们无须勤劳节俭去创造财富，从而养成了懒散的习性，但恶劣的气候又使俄罗斯人饱尝了生活的艰辛，从而磨炼了他们的意志，培养了人们勇敢而自信的品格，生性大胆而又易于冲动，也容易感情用事，易走极端，“决斗”便是这种性格特征的产物，在近代俄罗斯有相当一批作家都由于一时冲动而走上了极端的决斗道路，如普希金死于决斗，有耐力而没有耐心可能是这个民族的重要精神特点之一。

中国地理横跨多个气候带，既具有北方气候元素，又具有南方气候特征，多阳热的南方有趋阴、趋静、趋凉的欲意；多阴冷的北方，天然地会趋阳、崇阳。所以，在中国倡导阴阳平和的中庸之道，并被人们普遍认可就再自然不过了。鲁迅先生早就说过，中国人其实并不中庸，总是在非阴即阳、非左即右之间摇摆不定。如何认识鲁迅所说的中国人的这种精神现象，应当说这也是“气”本身变动不定的特征，中国温带季风气候变幻无常，西北风和东南风经常交接，人们经常有“三十年河东，四十年河西”的说法。所以，阴阳平和的中庸之道是人们一种精神追求和向往。中国历史农耕文化思想也呈多元性，同样也可以从南北气候差异上进行解读，由于中国幅员辽阔，南北温差很大，这种气候差异，不仅造成了南方人与北方人的生产生活方式的差异，在文化精神和哲学思想上同样也形成差异。中国北方的寒冷气候，四季分明，潜在存在有趋阳扩张的意欲，一旦化为行动就需要在精神和思想上进行武装，大统一的儒家和法家思想就是凝聚强大的力量精神动力。在南方，人们的生存资源比较丰富,小国寡民、顺应自然、自给自足、互不侵扰的墨家思想和清净无为的道家思想更容易被人们接受。在中国历史上也曾多次被北方游牧民族征服,但最终都是中国农耕文化消化了北方游牧文化,如北魏,元代、满清最终都被农耕化而放弃了原来的游牧生活文化和精神。

中华民族在五千多年的发展历史中,形成了团结统一、爱好和平、勤劳勇敢、自强不息的伟大民族精神。但是,从中国的历史事实分析,可以发现中国气候特征对中华民族精神形成的影响。"团结统一"精神,气候资源分布不均,必然要求促进区域性物产交流,这就为团结统一创造了经济条件,而在气候资源不佳的地区团结统一意愿就更为强烈,我国大统一的力量强势多在北方(或以长江分界),而分裂图存的力量大多在南方,从气候资源分析,南方气候条件有利于生产足够的食物资源支撑分裂的力量。但最终均被团结统一的力量所取代,团结统一始终是中华民族精神正能量的体现;"爱好和平"精神,中国无论在北方、南方大都适宜于农耕,农耕要求有安宁的环境,人们通过自己的劳作就可以实现衣食自足,无需通过以牺牲生命去争夺生存资源,人与人之间和谐、国与国之间和平、自己的劳作成果安全,就是人们普遍的精神愿望,因此爱好和平是农耕文明的内在要求;"勤劳勇敢"精神,农耕是一种通过人力劳动将气候资源转化人类食物资源的过程,人们必须争取更多的自然光热水资源,越是烈日炎热越要鼓励劳作,"锄禾日当午,汗滴禾下土"就是这种勤劳的真实写照,没有勤劳就没有食物的保障,在饥饿与勤劳之间,人们自然会选择勤劳。因此,农业社会不仅需要鼓励勤劳,食物来之不易,还需要鼓励节俭。勇敢精神,也是与农耕文明相伴的精神,农业劳动成果来之不易,人们对自己的栖息地和辛劳取得的成果必然会有勇敢的保护精神,无论是面对外来侵犯,还是对内政剥削,一旦超过人们所忍受的限度,中华民族其勇敢的精神就会显示出其强大的动力,不惜生命"保卫家园、保卫劳动成果"就是农耕文明民族勇敢精神的充分体现，在农业社会这种精神具有家族、宗族和社会广泛的基础；“自强不息”精神，我国多变的气候环境，频发的气候灾害，农业生产经常受到自然灾害的威胁，人们图存必须面对经常不断发生的气候灾害，不断总结民族生存与自然气候和谐的规律，并不断与自然斗争而形成自强不息的精神。当然，一个民族精神的形成会受到其他很多因素的影响，但气候因素对民族精神形成的影响则具有原始性、经常性和持续性特征，其中气候条件通过对不同气候带民族生产方式的影响而对民族精神的形成更具直接性的作用和影响。

7.2.3　气象与民族习惯

地理气候环境对社会存在和发展具有不可忽视的影响和作用，在人类发展的初中级阶段，其影响尤为突出和重要。法国思想家孟德斯鸠在《论法的精神》中，指出气候“在每一个国家里，这些因素中如果有一种起了强烈的作用，则其他因素的作用便将在同一程度上被削弱。大自然和气候几乎是野蛮人的唯一统治者[92]”。这里且不对他的科学性进行评价，但从中完全可以认为气候对一个民族精神和习惯的影响确实值得专题研究。

习惯，顾名思义，就是习以为常，养成惯性的心理和行动。人的行为反复地长期地做，就会形成一种惯性模式，在遇到相同的情境，就会不用思考、也不用作决定，自然而然地按照原来的模式去处理，这就是心理习惯。这种习惯既是一种行为，也是一种心理定势。气候习惯心理，是指因气候环境、气候条件、气候季节和气象现象等引起的并长时期流传或保存的具有一种稳定性心理倾向，也是一种文化现象。气候习惯，是人们长期与气候环境互动，并经过反复实践而逐步趋向稳定和自觉保持的一种社会心理和行为，许多气候习惯曾经对人们的生产、生活活动有着极其重大的影响，人们都在自觉或不自觉地受到各种气候习惯或习俗的影响。

因为气候环境和条件对人类活动的影响是一种客观存在，它并不以人们意志为转移,气候对人类的影响渗透在衣、食、住、行各个方面,久而久之就成为生理的依赖、心理的习惯、行为的无意识反应。以人们的主食习惯为例,人们的食物虽然具有广泛性的选择,但人们获取的主要食物则是由所在生活地区的主要物产决定,而地区主要物产受气候条件的制约和影响,在自然经济条件下,由于受到交通运输条件的限制,人们只能选择当地农业主要物产作为主食,时间长久就形成了一种主食习惯,而且人体理化也适应了这种主食,一旦要打破这种习惯人体就会感到不适应,心理上也会不愉悦,中国人"南米北面"的饮食习惯至今还存在较大影响,一些南方人到了北方吃不上米饭,吃面食就会感到整天饥饿。相反,北方人到南方后,如果没有面食也很不习惯。

气候环境是构成人类社会活动的重要组成部分,凡是与自然气候有联系的人类活动都可能演化为一种地方的习惯或习俗。反应在建筑、医疗、饮食、服饰以及生产和社会活动中都可以看到一些气候习俗或习惯。诸如在我国一些湿度较大的云、贵、川、湘、鄂等西南、中南地区,人们大都养成了喜欢吃辣椒的习惯,其实这也是一种用食物来适应气候的生理反应。因为人们吃辣可以避寒去湿,这些地区冬季气温不高,空气非常潮湿,冷湿气候易使人得风湿性关节炎和腰肌痛等症,辣椒属热性,有祛风湿、发汗健脾胃之效。夏季湿度很高,人的皮肤不易通气散热,吃辣椒则可以起到通气发汗、表汗里舒的效果。中国北方偏咸,南方清淡,东部喜甜,湖川喜辣,云贵喜酸的饮食习惯,可能都与地理气候环境有关。

不同地域具有不同的气候背景,其自然气候条件和气候灾害也有很大差别,因此,在不同的地区就会形成不同的适应气候的习惯。例如,在我国沿海地区,渔民出海捕捞,最大的危害就是台风。因此沿海居民非常关注海上天气,并形成祭海、祭风的习惯,其中妈祖文化集中反应了我国东南沿海居民祭海的文化习俗。在长江中下游地区,由于在梅雨期持续下雨、湿度很大,给人们生产生活造成了许多不便,在这一地区就有出梅后晒衣的习惯(即晒衣节,又称六月六节、)。我国居住在高寒地区的人具有扎头巾的习惯，沿海海风大的地区妇女有带面巾的习惯等等，并形成了一种心理习惯，这些也都与气候环境有关。

7.3　气象与社会心理

7.3.1　正常社会气象心理现象

气象对人类社会心理的影响具有最普遍、最经常性的特点，人类的有些气象心理过程被转化为人类无意识的状态，一般性社会气象心理现象大都具有这种特征。

(1)气象时空心理现象。时间和大气空间是人类生命体最紧密的伙伴，人们的时间知觉是人脑对客观现象的连续性和顺序性的反应[93]。在人们感知时间的时候，总是通过各种媒介来衡量时间，而且总是以一定的周期性现象为依据的，这些媒介和周期性现象包括有日月的位置，气候的冷暖季节，农业的播种与收获和人体内部的一些生理状态等等。当人们把时间知觉和气象知觉联系在一起的时候，便产生了气象时空心理现象。

第一，昼夜心理现象。这是一种因昼夜变化引起的社会心理现象。昼夜变化是地球自转运动相对太阳位置引起的一种自然现象，地球物质和生物都会受到这种变化的影响，并且通过自身的适应而形成昼夜节律。昼夜变化对人们来说是最平常的现象，现代医学研究表明，人们不仅在生理上有昼夜的周期性变化，而且在心理上也有相应反应。人的心理随生理机能变化而变化，由于昼夜心理过于平常，人们的昼夜心理活动有许多会被转化在无意识状态下发生作用，或者成为人们的一种心理习惯。人们进入成年以后形成了许多与昼夜变化相适应的心理习惯，这些心理习惯有的由生理引起心理反应，如早晨起床入厕；有的是被意识强化后形成的心理习惯，如早晨起床后洗漱；有的是因适应环境引起的心理反应,如每天从黑暗到光明和从光明到黑暗的心理适应;每天气温、气压、湿度的日变化,人们生理和心理存在自然性日适应性调整。

在自然条件下,人们利用白天从事生产、生活和学习活动,并形成了与此相适应的生物节律和昼夜心理特征。与白天相联系的社会心理,一般表现为从事劳动生产心理、工作学习心理、社会交往心理、户外活动心理,这些心理活动的基础主要来源于人们对视觉感觉的高度自信。与夜间相联系的社会心理,一般表现为休息心理、情感归宿心理、私人空间心理、恐怖防范心理,在人们的潜意识中具有对黑暗的恐怖和对生命安全的担忧。人们以天为单位安排作息时间,就是昼夜心理反应的具体表现之一。在中国古代有"日出而作,日落而息"之古训,《黄帝内经—四气调神大论篇》按四季对人们昼夜作息和心理调节提出了见解,即春三月应"夜卧早起,广步于庭,被发(披发)缓形(宽衣),以使志生(神志升发)",夏三月应"夜卧早起,无厌于日,使志无怒",秋三月应"早卧早起,与鸡俱兴,使志安宁",冬三月应"早卧晚起,必待日光,使志若伏若匿(好像被埋藏起来)……去寒就温。"这里反应了中国古代先民曾经有过的昼夜心理现象。

昼夜心理特征是人类在长期的历史进化中逐步形成的,尽管在电灯的发明以后,人们能够解决在夜间从事各种社会活动的光源,但就人类整体而言,昼夜社会心理习惯还难以发生根本性改变。在工业革命以来,由于生产发展需要,一些人要长期在夜间上班而白天休息,但相对而言夜间劳动效率较低、生产成本增加、夜间劳动者还需支付健康和情绪代价。

在自然状态下,人们的昼夜心理也表现出较大弹性,其工作、学习、休息和睡眠就时间支配而言都有较大的调整空间,但昼夜心理活动的总规律绝大多数人是不宜长期突破的。否则,个人付出的代价是工作和学习效率降低、经常会受到情绪困扰、健康水平降低;社会付出的代价是引发社会事故、降低社会生产能力、社会情绪波动不稳。当然由于社会发展,日落之"息"不定只是睡觉,其休息的内容可以丰富多彩，但睡眠仍必不可少。

人们昼夜心理特征反应，由于社会文化、社会发展和地域气候的不同，在不同地域不同社会群体会存在很大差别，这里不宜一一展开。由于气象科学技术发展和社会活动需要，人们关注天气也呈昼夜变化，据对武汉地区居民在 2001 至 2003 年拔打气象资讯电话的情况分析，3 年累计达 2000 万人次，其中在早间 7—8 时占 35%，下午 17—19 时占 30%。这一统计可以说明人们对天气关注的心理反应时间。

第二，月季心理现象。这是因月球位相变化和气候季节变化而引起的一种社会心理现象，它可以分解为月变心理和季变心理。人们的月季心理活动不只是一个时间系列，而且是一个与时间系列相对应的系列性事件场的变化。它是天文月季、气候月季、自然生态月季、人体生理和心理月季节律在人们意识活动中的综合反应。月球位相是一种自然现象，由于月球位相具有月周期性变化的特征，它对地球也产生了月周期性的影响，主要表现为由于月球位相变化而引起月球引力的周期性变化，海潮的月周期性变化就是月球位相变化的反应。

从认识论的观点分析，月球位相变化进入人们认识视野比较直观，从圆月到残月，又从新月到圆月，即一朔望月历时约 29.53 天。月的位相变化比较明显和直观，人们在日的时间概念上，逐步形成了月的时间概念，随着生产生活经验的积累，人们不断发现和总结许多事物也呈月周期性的特征，如海潮、妇女月经等。现代研究表明，人的生理和心理都具有月周期变化的特征。有研究表明，人的体内水分及其溶解的物质，即液体约占体重的 60%[94]，有观点认为，人的体液好比海水，因月亮的引力对人体的影响也能像引起海潮那样，使人体出现生物潮，造成人的头部和胸部的电位差增大，带来人体的生理和心理上的反应，前面已经介绍了人的体力、情绪和智力呈月周期性节律变化的情况。

季节变化，是由于地球在公转轨道上所处位置不同而形成的昼夜长短有别，所获得的太阳热能有明显变化，使各季气候特征出现明显差别。气候季节既是天文学，又是气象学的概念，前者反应的地球与太阳的相对位置，后者反应的是地球实际气温变化情况，由于世界各地地理位置、海拔高度和每年的大气活动情况不同，进入同一天文季节，但气候却有较大差别。因此，中国古代有“夏行秋令”之说，即天文季节在夏季，而气候特征却进入秋天。在农耕文明时代，人们需要根据季节组织和安排农业生产，并根据季节来安排各种宗教活动，尤其在追求“天人合一”的精神理念下，人们更加重视季节。中国古代的二十四节气把自然气候特征按月季进行系统总结，在这种节气文化的影响下，人们月季心理活动被进一步强化，特别是从事农业生产，人们经常需要有预见性安排生产活动，季节成为人们安排生产劳动和社会活动的指南。

由于社会进步与发展，人们月季心理活动不断丰富。月季作为时间概念，人们把自己的工作和学习分月按季进行合理安排；作为气候概念，人们则把自己的外行活动或经营与气候有关商品，安排在比较合适的季节和地区进行。从旅游的季节选择心理分析，一般情况下，人们会选择避寒避暑的季节外出旅游，因此在我国人们的旅游选择常呈夏秋往北、冬春往南的趋向，当然为了体验和观赏气候特境，也会逆向选择季节，如冬天上黄山观赏雨凇，到哈尔滨观赏冰雕等。

第三，年景心理现象。这是因周年变化而引起的一种社会心理现象。气象年景心理活动，往往以公历年、农历年或民族年历、气候变化周年、物候生长周年和人体感受的周年节律为基础，围绕社会生产生活与气象关系而产生的年心理活动，其中气象年景心理现象反应比较明显。气象以年为周期的现象早已经被人类所认识，但气象的年周期性变化并不是各种天气现象的完全重复，年变率比较大。气象年景风调雨顺、冷暖适宜直接关系或影响社会经济发展，影响着人们生产生活安排。因此，气象年景社会心理反应比较普遍，这种心理反应一般在每年岁末年初或在年中遇到天气异常的时候,气象年景往往成为人们共同关注的话题。

在正常情况下,人们根据历史经验,对气象年景偏常会有一些必要的心理准备。但是,当出现重大气象灾害时,人们的气象年景心理有时容易受到社会传闻和谣言的影响,甚至造成社会心理紧张,尤其遇到气象异常而造成疾病流行或人口死亡时,人们对年景的恐慌心理会加剧,以致可能造成社会的局部不稳定。因此,气象科学应当针对社会这种年景心理反应进行科学引导。

中国年文化比较丰富,中国古代以天干地支为纪年,并配以动物属相,以 12 年为一轮回,以 60 年为一大轮回,加之一些迷信色彩。因此,中国古代的年景心理比现代人还要强烈,在民间至今还有"牛马年,好种田"之说,即牛年马年比较风调雨顺,而气象事实并非如此;因"龙年生龙子"之说,赶在龙年结婚的比较多;农历"无春年结婚不吉利"之说,即立春之日在上个农历年三十之前,次年正月初一之后的年份,因此选择当年结婚的人少。显然,这些带迷信色彩的年景文化,加深了一部分社会成员的年景心理活动。

进入 21 世纪以来,由于我国对传统节日恢复,特别是国家把春节、端午节、中秋节纳入法定节日,而且一些传统节日文化被广泛传播和普及,一些年俗民俗文化不断得到恢复,人们的年景心理得到强化。

(2)气象趋利避害心理。趋利避害通俗地讲,是指趋向有利的一面,避开有害或不利的一面。从一般意义上讲,对气象条件和气象环境的趋利避害是生物的本能,也是人性的本能,这种本能是生物与生俱来的,也是生物不断向高级进化的保证。趋利使生物习得更强的生存能力,避害使得个体的生命得到延续,进而保证了物种的延续,其中的优胜者在大自然的优胜劣汰中生存下来,并促使物种不断向高级进化,对气象条件的趋利与避害是生物生存与发展最基本的能力。趋利避害是人们普遍存在的心理现象。何谓趋利避害？顾名思义,就是趋向快乐、获取利益,避免灾害和痛苦、减少损失或付出。人们对气象环境选择、气象条件利用和气象资源开发都具有趋利避害的心理。人们对气象利与害的心理选择，总体上遵循趋利避害原则，又遵循两害相权取其轻，两利相较取其重的灵活原则，并且随着气象利与害的质量变化，及时进行调整。

第一，气象趋利心理现象。气象之“利”，是指能对人们带来益处的全部气象环境、气象条件和气象资源。气象尽管是一种自然现象，但它已成为人们生产生活环境的重要部分，不再是一种单纯自然的现象，人们对气象现象的心理反应，都将按照不同社会群体对气象的理解而形成趋利心理。天气条件一经发生就是一种客观条件，但这种客观条件对人们的行为选择会造成一种利与害的关系，如择晴天抢收、择雨天抢种、择适温季节旅游、择高温地区或高温季节推销空调等等。这种气象趋利心理经常成为人们需要掌握和了解天气的心理动力。

人们的气象趋利心理，可分为天气趋利心理和气候趋利心理。天气趋利心理，主要表现为对天气过程的选择，并根据天气过程安排各种社会活动。这种心理反应具有经常性和变化性的特征，久晴天气时人们盼望来一场雨水天气过程。因此，人们经常以“及时雨”来表述久旱逢雨的心情。由于社会行业、职业不同，天气状况与人们的生产经营结合形式不同，对天气过程的趋利理解会有很大差别，农民种田久旱高温盼下雨，而空调商、饮料商则可能希望继续连晴和气温连续攀升，显然不同的社会群体对天气的趋利心理表现出很大差别。

气候趋利心理，主要表现为对生产、生活和居住环境的选择，中国人比较讲究选择地利，而地利则是由地型、地质和地理气候构成的，其中对居住和从事农业生产的地利，地理气候起主导作用。在中国古代由于气候趋利心理普遍存在，人们对风水学特别迷信。由于受季风气候的影响，我国许多地区居住建筑的正门不会面向北开，至今在民间还有“北风扫堂，家破人亡”之说。气候趋利心理，在各地民居建筑风格上都有不同程度的反应。由于科学技术的发展，人们对气候规律有了新的认识，气候趋利心理活动内容得到不断丰富，气候医疗、气候疗养、气候旅游、气候资源利用等，已经成为人们气候环境趋利选择的内容。

第二，气象避害心理现象。气象之“害”，是指对人们社会活动可能造成危害或不利影响的气象环境和天气、气候条件。气象避害心理，是气象条件对人们的生产生活活动，可能造成不利影响或重大危害而引起的一种心理现象。现代气象科学对尚未发生的天气过程即使能提前预测，但天气不可能完全按照预测情况发生，对可能发生的任何极端性天气或气候现象都存在预防和避害心理问题。

气象避害心理现象最明显的表现之一，就是气象灾害预防。气象灾害预防，既可以表现为国家和集体行为，构成社会性的气象灾害预防心理，也可以表现为社会个体行为，形成个人气象避害心理。大范围的气象灾害，经常危害的是一个或数个地区，灾害发生地的人群，仅凭个人力量是无法抗拒的。因此，在中国古代备灾备荒、抗御气象灾害，往往是一种集体行为或国家行为，并形成了集体预防气象灾害心理。现代社会由于人口在城市比较集中，如果遭遇重要气象灾害，可能造成社会经济损失和社会影响会更大，因此加强城市气象灾害预防的思想在不断强化。

社会个体的气象避害和预防心理，主要表现在日常的生产生活中，对于经常发生可能对人们生产生活有一定影响的天气，一般社会个体都具有预防心理，如小型抗旱农具、各种雨具、防寒衣物等等。由于社会经济的发展，人们对气象灾害的避害和预防心理也在发生新变化，如对雷灾、雾灾、高温灾害的预防和避免，这些方面的心理活动有被强化的趋势。随着人们生活水平的提高，要求气象条件更能适应人体舒适的要求，在个人生活中对不利气象条件的避免和预防心理也在加强，如防紫外线、防沙尘、防寒、防暑等技术性措施都有新的需求和发展。

天气和气候的利与害是相对概念，气象资源、条件和环境，既有量的配置，又有时间、地理和社会活动事件的配置。因此，人们气象趋利避害心理往往比较复杂，同样一种气象现象但由于出现的量度、时间、地域和针对的社会活动事件不同，而“利”与“害”会有很大差别。因此，人们气象趋利避害心理是比较复杂的一种心理现象。除此之外，随着人类社会生产力发展，人们的气象趋利避害心理还具有时代性的特征，如一些多风的地区，对传统的生产力条件可能是灾害或者荒地，而对现代生产力来讲则可能成为发电的能源；有些高山寒冷的地区过去可能人迹罕至，而现代则可能开发用于生态旅游和气候疗养；一些河流过去经常造成水灾，而现代则能构筑高坝蓄水用于发电和抗旱灌溉等等。

(3) 气象探索心理现象。大气在不断地运动变化，在人类所面临的自然环境因素中，气象是对人类影响最经常、最普遍、最直接的环境。各种气象现象发生的背后，都蕴含着一定的自然规律和科学道理，人们对气象充满了好奇心，企图揭示和认识气象活动规律，这就是气象科学探索心理的反应。

神话、宗教、哲学和科学都是人类在不同历史阶段，为认识自然和社会现象而形成的意识表现，也是气象科学追求的心理表现。由于受到社会生产力和科学发展水平的限制，人们对气象现象误以为符合自然实际的主观性判断，如果完全不符合气象运动的客观实际，在远古可能就是神话或者是迷信，在现代就可能是伪科学。气象在神话、宗教、哲学和科学中都有所反应，探索气象规律是人类意识产生以来一直没有停止过的心理动力。

现代气象科学产生以来，人们对气象规律的探索不断深入，对气象与自然、气象与社会关系的科学研究在不断发展。在自然科学领域，人们对气象现象的形成与发展规律研究取得了许多重大成果，并且能够对未来的天气和气候变化进行预报。同时，对气象与人类、气象与植物、气象与生物、气象与天文、气象与地理等相关领域的研究，也取得了许多重要成果。在社会科学领域，人们对气象与政治、气象与经济、气象与文化等关系也在进行深入研究，这些都是人们在气象领域探索心理的反应。

就社会大众而言，对天气和气候变化也非常关注，人们很想了解天气预报是怎样制作出来的，对未来天气为什么能进行预报，天气预报为什么有时报得很准确，有时又发生错报现象等等，这些问题虽然只有气象专业人员才能做出比较科学的回答，但它反映了社会大众对气象科学的探索心理，这也是气象科学作为社会公益事业的社会心理基础和条件。

(4)气候季节的心理表征。在中纬度地区，一年四季，寒来暑往，冷热交替，人们的生理会随着季节变化而进行自然调整，人们的心理也表现出不同特征。

第一，春困心理现象。春天气温回升，万物复苏，大地开始出现生机盎然，但人们却常常感到春天的困乏，出现体肢乏力、精神不振、昏昏欲睡的春困现象。其实，这种春困是人体生理机能随着自然气候变化而发生的一种生理现象。人在冬天，机体为了保持体温，减少散热，全身皮肤处于紧张收缩状态，人的血液主供内脏器官和脑部。但是，进入春天，气温上升，人体皮肤不再为保暖而过度收缩，这时血管呈扩张状态，皮肤血液循环加快，流向大脑的血液相对减少，而到春天人的脑部供血代谢增强，大脑供血的这一减一增，使有的人出现春困现象。关于人体冬春血液循环表里之变化，中国古代医学早有论述，如《黄帝内经—八正神明论篇》说："天温日明，则人血淖液（流行润滑），而卫气浮（卫气外浮于表）"，"天寒日阴，则人血凝泣（凝涩不行），而卫气沉（卫气沉伏于里）"。

因此，可以认为，春困心理现象是自然气候变化而引起的生理心理反应。但是对不同的人而言，由于年龄、身体状况、生活小气候环境和个人感受性不同，其心理反应会有很大大差别，有的人甚至感觉到没有明显反应。一些有反应的人，也是可以克服的，如保证一定的睡眠时间，多到户外活动，多吸收新鲜空气，加强体育活动等等，就可能增加大脑的供血量，提高兴奋性，保持精力充沛，有效排解春困扰。

第二，夏躁心理现象。正常人在安静时，环境温度升高到30℃左右，便可引起发汗，如果气温继续升高，人体出汗还会多，体内钠元素会大量丢失，如不及时补水就可能引发电解质紊乱，影响人体散热平衡，从而使大脑活动受到影响，产生情绪和行为异常。夏季气温高、湿度大，在高温高湿环境中，人体辐射、传导和对流散热机制如果不能维持正常体温，就会造成人的体内温度升高而引起神经系统机能障碍，并出现头晕、头痛、烦躁不安，行为失常。关于夏躁心理，《黄帝内经～生气通天论篇》说“因于暑，汗烦则喘喝（多汗，烦躁，喝喝有声），静则多言（心神不安，低声唠叨），体若燔炭（炽热的炭），汗出而散（暑散）”。这里明确地指出体内产热和体表散热不平衡可造成生理心理变化，一旦汗出使人体产热与散热达到了平衡，人们的心理就会平静下来。

避免和克服夏躁心理，一般应当做好降温保健工作，合理安排作息，降低热浪侵袭，搞好室内的通风降温，同时需要保持良好心态，心静神和，降低暑热的感受性，并应注意及时补充水分和盐分。

第三，秋悲心理现象。进入秋天，天清气爽，人们感到比较舒适。但是，秋风劲急，地气清肃，水冷草枯，叶落花零。这时人们容易产生悲愁之伤感，特别是一些老年人常会产生悲秋之感，凄凉之情，如杜甫名著“万里悲秋常作客，百年多病独登台”，就生动描述了悲秋多病之感伤。自然界的春去秋来，万物的兴衰与枯荣皆为自然。进入深秋，当天气转寒之时，人体也会感到体寒，体寒容易引起人们心生凉寒。在一些地区由于进入深秋，日照时间短，秋雨秋阴天气多，也容易引起人们的秋悲情绪，特别是一些身心处于亚健康状况的人，更易触发。当然，秋天也是丰收的季节，对秋天的心理感受也会因人的境遇、成就、年龄、健康和生活环境而异。

第四，冬忧心理现象。冬季，天气寒冷，日照短少，有的人情绪会处于低落状态，甚至感到疲惫、迟钝、工作效率下降，坐立不安，情绪波动。究其原因，有观点认为，由于冬天气候寒冷，白昼短，光照不足，又因寒冷人们习惯常关门闭户，使室内二氧化碳等污染气体大量积聚，空气中的负氧离子数目大大降低，这些都是诱发冬季产生心理忧郁的重要因素。

关于气候四季心理的变化，现代医学研究认为，阴冷暑热天气之所以会影响人的心理，原因是人的"脑垂体前叶的促甲状腺素，受冷、热、光的影响而出现波动"[95]，天气变化会影响人体的甲状腺素的分泌。甲状腺激素分泌过多，人的生理表现为产热增加，喜凉怕热；人的心理表现为，注意力不集中，易激动，烦躁不安，失眠多梦。甲状腺激素分泌过少，人的生理表现为产热减少，喜热怕凉；人的心理表现为，兴奋性降低，感觉迟钝，言语和行动迟缓，记忆力减退，淡漠无情[96]。这也从科学的角度证明，中国古代医学对人们四季心理变化的描述性成果与现代医学研究在科学上具有一致性。

近些年来的研究表明，人体褪黑激素对中枢有抑制作用，而人体脑上腺分泌褪黑激素具有明显的昼夜节律，即白天分泌减少，夜晚分泌增多，并与睡眠期同步，这说明对中枢具有抑制作用。但由于受环境、光照的干扰，脑上腺分泌节律不是恰好 24 小时，而是有或长或短的变化。光照可以调控脑上腺的分泌节律，使其节律呈昼夜性变化[97]。气候的四节变化，气温有高低，光照有强弱，天气有阴晴，昼夜有长短之变化，这些都可能会影响人体脑上腺分泌褪黑激素的变化，而使人的精神状态受到影响。前面已介绍，气候四季变化与人体理化指标的相关变化，人体的血磷 2 月份最低，夏秋最高；血钙 2 ~ 3 月最低，8 月份最高；血镁 2 月最低，12 月最高；血碘冬季最低，夏季最高。这些指标的变化，也从一定程度上可能反应了对人们心理带来的影响。当然，气候四季变化对人们心理变化的影响比较复杂，其影响是相对的，因人们的具体境遇、成就、年龄、健康和生活环境不同会有很大差别。

7.3.2　异常社会气象心理现象

通过前些章节的分析,我们已经知道气象与人类的身体、生命、生产和生活具有十分密切的联系,直到今天人类还不可能完全掌握气象运动的规律,更不可能改变各种气象灾害的发生。因此,在强大的气象自然力面前,人们还会继续表现出诸多特殊社会心理现象。

(1)气象灾害的恐惧心理。心理恐惧是指一种人们对觉察到的威胁的情绪反应,适度的恐惧是人们正常的情绪反应,它有利于提高人们对危险刺激的警觉,增强防护性行为而保护个体生存安全。但是,过度的心理恐惧可能造成人的意志力全面丧失,不良情绪全面泛化,有的人甚至受到严重威胁后因恐惧而造成精神失常或因恐惧致死。

大多数人都具有气象灾害忧患心理,但其反应较轻,一般表现为对气象灾害的担忧和关注。这种心理状况有着积极的社会意义,它是政府组织实施气象防灾抗灾工程建设的社会心理基础。因此,一些经常遭受气象灾害的地区,人民群众对政府组织防灾工程建设十分支持,就是这种心理反应的表现。中国特殊的地理地貌和气候特征,自然决定了是一个气象灾害多发频发的国家,上至国家领导,下至普通群众对发生气象灾害都有担忧心理,并形成了顽强的防灾抗灾意识。因此,有观点认为,中国的历史是一部以农业文明发达著称的历史,也是一部以抗御气象灾害文明而著称的历史。

气象是一种强大的自然力量,当气象现象发生异常,或者发生的气象灾害超出了人们的预想时,一些受到气象灾害严重威胁的社会群体,非常容易产生恐惧心理。特别是一些突发性的重大气象灾害,如强雷暴、强台风、黑风、龙卷风、特大暴雨造成的山洪暴发、泥石流等,往往以其巨大的威力摧毁人们创造的物质财富和夺走人们的生命,一些缺乏相关经验或知识的人,大多会产生严重的恐惧心理，面对气象灾害惊慌失措，束手无策，有的还丧失了生命。重大气象灾害不仅造成重大人员伤亡，而且有些人会产生极度的心理恐惧，使其失去了抵抗意志而造成生命死亡。气象灾害恐惧心理的发生，与气象灾害发生的强度、时间、传播速度、人们所处的环境条件和个体具有的相关经验有关。如强台风袭来，在海上航行的人群往往会产生强台风恐惧心理，这种恐惧心理反而会加大海上安全航行的风险，而对于船员和船长来讲心理恐惧程度则会低一些，经验非常丰富船长甚至不会产生心理恐惧。

气象灾害发生可能引起人们系列性心理变化，根据国外心理学研究，一般来说，任何灾难都会留下心理阴影，会给一个或多个受害者带来悲剧性后果，还认为灾变对人们心理的影响可能有五个发展阶段，即惧怕阶段、英雄阶段、欣喜阶段、幻灭阶段和重组阶段[98]。人们在面临突如其来的气象灾害时，在经过了恐惧心理阶段以后，在灾害之中往往会表现出相互救助的心理现象，在获得生命保障以后人们会表现出一种喜悦心理，但在灾害过后，特别是财产遭受到严重损失和人们在灾后生活发生严重困难时，心理会产生焦虑和抱怨，为了获得食物甚至会产生越轨行为，而在此心理过程之后，人们才开始面对现实，理性心理开始重构。

气象灾害是一种自然现象，无论气象灾害防御体系如何完善，但气象灾害的发生仍不可避免的。国家在组织气象灾害防御工程建设的同时，还需要注重强化全社会的气象抗灾自救意识，提高气象灾害自救心理素质，以降低或消除气象灾害恐惧心理，当受到严重灾害威胁时，人们首先应当考虑选择自救，以保证生命安全。除此之外，由于气象原因还能引起恐怖性神经症，现在已经被正式命名的与气象有关常见恐惧有黑夜恐惧症、闪电恐惧症、恐雷症。

（2）气象灾异的迷信心理。气象迷信心理是一种对气象现象认识缺乏科学依据和基础，而对一些非科学性的解释又十分盲目信从的心理现象。有些气象迷信心理发生虽有一定的社会事实，但这种事实与迷信之间缺乏科学纽带，诸如雷击造成人员死亡这一事实，现在完全可以从科学上进行解释，但对于农村一些缺乏基本知识的老人来讲，要他们从科学上进行理解就非常困难，他们迷信的是遭遇雷击的人属于作恶所致，然而在农村一个比较封闭的熟人社会，一个人被雷所击，要找到这个人或他家的父辈曾经有过的过失，一般比较容易。

从减轻心理压力分析，气象迷信存在的原因，就是作为脆弱的人需要一种比自己强大的东西作依靠，使人在面对灾害或灾难来临选择与等待阶段减少心理压力和惶恐。因为从迷信心理的社会功能分析，它也具有双重性的作用，从次要性的积极方面看，它可以帮助人们减轻精神压力，慰藉人们受到灾害严重打击的心理创伤，使人们的心理重回情绪紊乱之前的理性状态，这就是气象灾异迷信可能发生和存在的心理基础。但从根本上讲，气象灾异迷信心理是一种消极和缺乏科学精神的社会现象，它容易使人们放弃科学追求，引发愚昧事件，削弱抗灾斗志，甚至影响社会进步。

从满足知识心理需求分析，气象迷信的根源在于人的迷惘，人们不知道气象科学，但又选择了错误方式去认识气象现象发生的所以原。这个错误的方式就是迷信，它能满足人的信仰愿望。气象灾异迷信的心理现象，作为心理调节和社会稳定的因素有它存在的社会空间。迷信是人们对某种虚幻的、非科学的价值观念所持有的崇信心理。中国气象迷信，源远流长，影响深远，其中有我国特殊的地理气候背景。因为在我国盛行的季风气候，一方面在赋予了古代先民优越丰富的气候资源，另一方面季风气候常常造成旱、涝等各种自然灾害频繁发生。在科学不发达的古代，常常造成人们对“天”产生畏惧和迷信，人们祈求上天赐予风调雨顺，五谷丰登，免灾平安。这就是我国气象迷信心理产生的历史根源和认识根源。

从人们自身心理体验分析，气象与人的机体、情绪、疾病、生命和生活发生着十分切密的联系，一般成年人都可能经历或见识过气象灾害的发生，目前人类还不可能避免继续遭受气象灾害威胁，加之千百年积累流传下来气象灾异迷信文化，在一部分人群中出现气象灾害迷信心理恐怕还难以避免。人们的心理对气象灾异迷信的程度，尤其在亲历过气象灾害直接造成过重大财产损失、造成过周围熟人伤亡时，气象迷信心理会被强化，也容易在一定地域范围内传播，如一个家庭遭遇雷击起火，或一群人遭遇雷击而死亡，虽然这些都属于自然现象，通过科学防御是可以避免的，但是人们的迷信心理一时仍然难以消除，尤其在事发地区和事发亲历者中。气象灾异迷信心理有许多具体表现，如忌日迷信、天意迷信、灾异传谣、罪恶迷信、各种气象神迷信等等。

气象灾异迷信心理，在气象出现异常现象时，如雷打下雪天、连晴连雨反常、大气光象反常、天气强度反常等往往会被强化，一些灾异传谣迷信会迅速传播和扩散，在一些严重的地方还可能影响人们正常的生产生活秩序。由于受到知识传播范围的影响，我国一些落后地区在遭受气象灾害时，气象灾异迷信心理仍然比较严重。因此，国家应当进一步组织气象科学知识普及，特别应当针对一些经济落后地区，在人民群众广泛普及气象科学知识，以淡化和消除人们的气象灾异迷信心理。

(3)气象传谣心理。气象谣言和传谣是没有气象事实和气象科学根据的传闻，有时是捏造的气象信息或者恶意的传播失真。从制造气象谣言的目的分析，一般是为了获取某种实际利益，如有的不法药品商、空调商为了推销产品，而随意夸大气象异常信息，有的则是为了图取名义，鼓吹其伪气象科学；有的则为了发泄心里不满，借气象灾害发生之机，制造气象谣言而蛊惑人心，或人为制造社会恐慌，每次气象灾害将发生或正在发生时，经常可能出现这种现象。

社会气象传谣心理的表现则与气象谣言制造不同，它往往表现为偏听偏信，不求甚解，人云亦云，甚至牵强附会，添枝加叶。从心理上分析，有的人对气象可能发生异常或正处在气象异常之中，心理压力非常大，通过传播气象传谣，以释放心理压力。有的人同样会带有功利目的而夸大气象异常的事实,或者为恐吓别人而得到心理满足,或者为自己获取利益。当然,可能更多人是受从众心理的影响,如果在一个团体中或在一个社区内多数人受传谣影响,那么少部分人会自然而然地受到感染,特别是针对人们生命安全或有损身体健康的气象灾异谣言,人们都会感到心理紧张,谣言往往比较容易传播。平抑社会气象传谣心理,应当主要依靠气象科普宣传,准确地发布气象预报和及时公布气象灾情事实,传谣便会随之消失。

(4)气象变化心理紧张。心理紧张是指人们能够意识到的,由强烈需求、面临危机或恶劣环境引起的严重不平衡的心理。气象变化心理紧张,是指由于气象变化可能对社会造成严重后果而引起社会情绪波动的心理现象。因气象变化引发的社会心理紧张时有发生,在一般情况下,它不会影响人们的生产生活秩序,反而会有利于激发人们通过自身力量应对气象变化的发生,人们会充分利用已有条件和工具或应对干旱,或应对洪涝,或应对寒冷,或应对暑热。但是,当气象变化幅度超过或远远超过人们的应对能力时,人们就会产生失望心理,心理紧张情绪会加剧,甚至可能全面情绪化。在这种情况下,如果缺乏必要的组织,人们强烈的气象灾害情绪反应,就可能影响正常的生产生活秩序,甚至可能造成人口异常流动或出走。

中国是一个农业大国,气象与人民群众生产生活息息相关,气象周期性的重大灾害变化,经常周期性大范围地引发中国的社会情绪紧张,从 19 世纪中叶到 20 世纪 50 年代以前,中国由于政治制度腐朽,在累累发生重特大气象灾害时,社会完全无力组织灾民自救,只有放任气象灾害紧张情绪蔓延,致使灾害紧张心理迅速扩散,造成人口大量从气象灾害发生地外流,数以百万计的难民所到之处的社会生产生活秩序又遭到破坏,从而加剧动摇了清王朝和蒋介石统治集团的政治基础,如 1942 年中原大旱,就有记载因农业绝收,于时树叶草根,都成上品,腐木细泥,也用于果腹,灾民因饥饿难忍，缢死者，自刎者，司空见惯，横尸遍野，无人收埋，鬼哭狼号，无殊地狱。由此可见，当时旱灾造成的社会精神崩溃。因此，气象变化心理紧张到一定程度，应当从政治高度引起关注。同样，在20世纪50年代和90年代，长江流域先后发生过1954年、1998年特大洪水，长江中下游的人民群众情绪高度紧张，由于政府的有效组织，把人民群众高度紧张的心理情绪引导到投身于抗御特大洪水灾害的战斗，使人民群众形成顽强抗洪意志，最后终于战胜特大洪水灾害。

气象变化引起社会心理紧张，由于社会经济发展的背景不同，引起人们心理紧张的程度和频次则有很大差别。随着社会经济发展，气象变化引起的社会心理紧张事件可能会明显增加。在以农业经济为主的发展阶段，气象变化引起的社会心理紧张，主要是久旱或久雨，久旱可能造成农业全面减产或绝收，久雨可能造成大范围水灾而影响农业收成。因此，久晴久雨都可能造成全社会性的心理紧张。现代社会经济发展背景发生巨大变化，由于气象原因引起社会心理紧张事件大大增加，如一场范围分布广泛的浓雾，可以造成机场和高速公路关闭，成千上万的流动人口、流动车辆滞留，整个机场、车站、码头和城市都会处于一种紧张心理状态，各种交通事故会明显增加，如果大雾的时间继续延长，社会心理紧张程度还可能会被强化，一些精神比较脆弱人就可能会暴发情绪性行为。如2008年发生在我国南方的冰冻雨雪灾害，由于造成大范围交通中断和供电设施破坏，整个社会心理处于高度紧张状态，特别在一些车站和机场滞留的人群情绪激动，大有一触即发的情绪暴发之势，处理稍不慎就会酿成特大社会事件。

现在的气象条件在社会基础能源配置中发挥着极其重要的作用，如水电在电力能源配置中占有很高比重，但是如果久旱无雨，就可能造成水库严重缺水而影响发电，继而引起社会电力用电供应紧张，如果人们的生产生活缺乏用电保障，就会造成全社会心理紧张。由于社会经济发展，气象变化引起社会心理紧张的事件还会不断增加。

气象变化引起社会心理紧张,与社会个体对气象变化感受性的迟敏、与社会个体所处的时空条件、与医疗气象科学发展也密切相关。由于人们的体质状况不同,对天气变化的敏感性有较大差异,由此引起的心理紧张程度也不同,如患有哮喘、支气管炎、关节炎等慢性疾病者,对阴冷、潮湿、冷热突变等天气变化比较敏感,遇到这种天气变化,这部分社会成员的心理就比较紧张,其个人的意志力、理性力和自信力就会下降。现代医疗气象科学有了崭新的发展,其研究发现人的机体组织、生命状况、疾病、死亡和心理等都与大气有关,特别是有些脑、心和血压疾病患者的生命安全与剧烈的天气变化关系很大,当人们已经知道这种天气可能给生命安全带来危险时,遇到这样的天气变化,这部分社会成员的心理就会特别紧张。

7.4 气象心理干预

我国是世界上自然灾害损失最严重的少数国家之一,一般年份全国受灾害影响的人口约2亿人。气象灾难事件不仅会造成巨大的人员伤亡和经济损失,而且给灾区人民群众带来巨大心理创伤。因此,对一些遭受严重气象灾害的地区,不仅应当重视经济重建,而且应加强对灾民的灾后心理干预,重视灾民心理健康恢复。

7.4.1 气象心理干预概述

无论科学技术和经济社会如何发展,发生气象灾害在所难免,甚至可以认为经济社会越发展,气象灾害造成的影响和危害可能越严重,人们需要承受更多更大的心理压力,社会需要重视气象灾后心理干预,让人们走出灾害阴影,恢复重建家园的信心。

(1)气象心理干预内涵。心理干预是指在心理学理论指导下有计划、按步骤地对一定对象的心理活动、个性特征或心理问题施加影响，使之发生指向预期目标变化的过程，目的是帮助其消除心理恐惧、烦恼、忧虑和紧张，增进心理安全、自信和健康。气象心理干预则是指对遭遇气象灾害造成重大财产和经济损失、重大人员伤亡的群体或个体施加心理影响，帮助其减轻或消除因经历气象灾害造成的心理恐惧、烦恼、忧虑和紧张，使经历者建立和恢复心理平静的信心。

气象灾后心理干预所要达到的目的，就是要使承受或经历过气象灾害危害群体或个体缓解因灾难造成的痛苦、调节情绪、恢复自信、振奋精神、调整行为方式，最大限度地使受害者和经历者降低急性、剧烈的心理危机和创伤，以克服和战胜心理危机，使其顺利地从危机和创伤事件中恢复或康复。

近些年来，气象灾后心理干预已经受到社会关注。灾害天气对人们的生活和心理都会产生影响，特别是那些在气象灾害中遭受财产损失甚至失去亲人，其心理会受到严重创伤，一些经历过灾害天气袭扰的很多亲历者也会心有余悸，留下惊恐的心理阴影，为了增进人们的心理健康，社会应及时主动组织进行心理疏导，消除人们的负面情绪和心理障碍，从心理上恢复正常的社会生产生活秩序。

(2)气象心理干预原则。气象灾害是一种危及全体社会公众的整体生活和共同利益的突发性和灾难性事件，是公共危机事件的种类之一。气象灾后心理干预则应属于公共卫生服务的范围，为受灾对象和人群提供公共心理卫生服务应遵循以下基本原则，即与整体救灾工作结合，对重大伤害者和受灾亲历者给予心理抚慰；社会稳定为前提，提供有益于稳定接受干预者情绪的信息服务和心理引导性服务；保护接受干预者的个人隐私，增加心理互信，增进接受干预者的心理安全感；综合应用心理干预技术，为接受干预者提供个性化的援助；选择合适时机提供心理干预，一般应在气象灾害危机发生后的数小时或数天内进行，一般认为最佳时间是在气象灾害危机事件发生后的 24 小时 到 72 小时之间。

7.4.2 气象灾后心理干预

重大气象灾害对灾区造成的不仅是重大经济损失,而且对灾区群众造成重大精神压力和创伤,受灾群众特别是一些遭受亲人亡故的人群特别需要精神援助和心理支持。

(1)精神援助。在特大气象灾害面前,人们容易表现出无可奈何、听天由命的宿命思想,也可能产生人罪天罚、天降灾难的迷信思想,人们的抗灾意志容易松懈,心理容易产生恐慌,少数人还可能产生气象灾害精神紧张综合征,由此制造或传播灾害谣言,相信祭天消灾,相信迷信等等。因此,气象灾害救助必须包括对受灾群众的精神救助,组织抗灾科普宣传,消除受灾群众的精神紧张,鼓励群众树立积极向上的抗灾精神,其中对广大受灾群众宣传掌握气象知识,分析讲解受灾的气象原因,对受灾群众的精神救助往往能起到较好效果。20 世纪 90 年代以来,每当遇到气象灾害天气过程,我国各种新闻媒体组织气象专家与群众见面,介绍相关气象知识和灾害成因,甚至对天气过程进行现场和跟踪报道,对稳定和激励群众抗灾精神发挥了很大作用。

(2)心理干预。在重大气象灾害之后,不仅应对灾区群众进行普遍性的精神援助,而且对一些特定人群还进行心理干预和支援。对于因灾死者家属最好要分散安置,防止他们在一起出现情绪爆发和情绪扩散,要及时提供安抚性的支持和帮助;对于灾害发生的各种信息通报应公开、透明、真实、及时,以免刺激受灾群众的情绪激动,给救援工作带来继发性困难,要及时将救援工作的进展情况和安排向公众通报;政府各部门参与灾害救助人员,要重视群众心理反应,注重增强受灾群众的信任感、安全感和亲切感;各社会参与力量和媒体,都应坚持正确的舆论导向,向受灾民众宣传心理危机和精神健康知识,以消除人们的恐惧、担忧和紧张心理,以稳定灾区人心,恢复群众重建家园的信心。

(3)完善公共医疗体制。国家应当积极发展疾病预防战略和谋划公共卫生对策，减少气候变化对传染病传播的可能影响，各级政府必须高度重视加强制订人类健康的适应对策和措施，包括加强公众卫生基础设施建设，改进、建立更有效的早期预警监视和紧急反应系统，确保对公众健康可能具有重大影响的疾病进行积极监视，有效防止许多疾病和公众卫生问题因气候变化而恶化、加剧；同时需要进一步研究极端天气气候事件与流行性疾病之间的关系，在提高预警水平和时效的基础上，实施可持续防御和控制计划，研制防御、控制和治疗疾病所需的医疗技术。

参 考 文 献

[1] 李兆芹,滕卫平,俞善贤等. 2007. 适合钉螺、血吸虫生长发育的气候条件变化. 气候变化研究进展,**3**(2):106 – 110.

[2] 董胜璋. 1992. 全球气候变暖与健康. 广东气象,**2**:2.

[3] 刘学恩. 1997. 全球气候变化对人群健康的潜在影响. 国外医学(卫生学分册), **24**(3):159 – 161.

[4] 唐汉. 2011. 汉字密码. 上海:学林出版社,263.

[5] 吴兆基(编译). 2001. 周易. 长春:时代文艺出版社,11.

[6] [汉]刘安. 2002. 淮南子. 第 137 页,北京:华龄出版社.

[7] [法]孟德斯鸠. 1997. 论法的精神. 第 305 页,北京:商务印书馆.

[8] [法]孟德斯鸠. 1997.《论法的精神》第 227、228、229 页,北京:商务印书馆.

[9] [法]孟德斯鸠. 1997.《论法的精神》第 229、230 页,北京:商务印书馆.

[10] 谢世俊. 1998. 天地沧桑,北京:气象出版社,45.

[11] 谢世俊. 1998. 天地沧桑,北京:气象出版社,45.

[12] 唐锡麟等. 1994. 人类学学报. (2):143 – 148.

[13] 李国章. 2003. 生理学. 北京:人民卫生出版社,162.

[14] 李维. 1996. 心理学百科全书. 杭州:浙江教育出版社,2222.

[15] 高明灿. 2004. 正常人体机能,第 235 页,北京:高等教育出版社.

[16] 张家诚. 1995. 中国自然资源 · 气候卷,北京:中国环境科学出版社,459.

[17] 夏廉博. 1984. 天气与健康. 北京:气象出版社,12.

[18] 夏廉博. 1984. 天气与健康. 北京:气象出版社,18 – 19.

[19] 杨伯峻. 1980. 论语译注. 北京:中华书局,188.

[20] 吴兆基(编译). 2001. 周易. 长春:时代文艺出版社,3.

[21] 杨伯峻. 1980. 论语译注. 北京:中华书局,177.

[22] 杨伯峻. 1980. 论语译注. 北京:中华书局,83.

[23] 莫涤泉. 1996. <左传>文白对照. 广西民族出版,602.

[24] 唐赤容(编译). 1998. 黄帝内经. 中国文联出版公司,12.

[25] 唐赤容(编译). 1998. 黄帝内经. 中国文联出版公司,259.

[26] 唐赤容(编译). 1998. 黄帝内经. 中国文联出版公司,13.
[27] 高明灿. 2004. 正常人体机能. 北京:高等教育出版社,205.
[28] 李国章. 2003. 生理学. 北京:人民卫生出版社,225.
[29] 李维. 1996. 心理学百科全书. 杭州:浙江教育出版社,2216.
[30] 夏廉博. 1984. 天气与健康. 北京:气象出版社,15.
[31] 李维. 1996. 心理学百科全书,杭州:浙江教育出版社,2217 – 2219.
[32] 李国章. 2003. 生理学. 北京:人民卫生出版社,405.
[33] 高明灿. 2004. 正常人体机能. 北京:高等教育出版社,206.
[34] 夏廉博. 1984. 天气与健康. 北京:气象出版社,16.
[35] 1986. 当代新科学手册. 上海:上海人民出版社,447.
[36] 谭见安. 2004. 地球环境与健康. 北京:化学工业出版社,213.
[37] 1986. 当代新科学手册. 上海:上海人民出版社,477.
[38] 1986. 当代新科学手册. 上海:上海人民出版社,478.
[39] 夏廉博. 1984. 天气与健康. 北京:气象出版社,16.
[40] 谭冠日. 1992. 气候变化与社会经济. 北京:气象出版社,79.
[41] 中国自然资源丛书. 气候卷. 北京:中国环境科学出版社,1995.
[42] 章国材等. 2002. 中国天情. 北京:天明出版社,380.
[43] 仇永炎. 2001. 寒潮 · 台风 · 灾害. 北京:气象出版社,338.
[44] 李原. 1992. 20 世纪灾祸志. 福建教育出版社,82.
[45] 丁一汇,朱定真. 2013. 中国自然灾害要览. 北京大学出版社,172.
[46] 庄肃明,朱健峰. 2007. 我国雷电分布与特征. 气象知识,(**3**):18 – 20.
[47] 郭维栋等. 2003. 近 50 年中国北方土壤湿度的区域演变特征. 地理学报,**58**(增刊):84 – 90.
[48] 李兆芹等. 2007. 适合钉螺血吸虫生长发育的气候条件变化. 气候变化研究进展,**3**(2):106 – 110.
[49] 编写委员会. 2007. 气候变化国家评估报告. 科学出版社.
[50] 赵希友. 2003. 气候变化与疾病研究. 气象科技合作动态,**1**(3).
[51] 董胜璋. 1992. 全球气候变暖与健康. 广东气象,**2**(2).
[52] 刘学恩. 1997. 全球气候变化对人群健康的潜在影响. 国外医学(卫生学分册),**24**(3):159 – 161.
[53] 李兰娟. 2008. 传染病学. 北京:人民卫生出版,260.
[54] 李兰娟. 2008. 传染病学. 北京:人民卫生出版,260.

[55] 蒋南华(译注).1995.荀子全译.贵阳:贵州人民出版社,183.
[56] 蒋南华(译注).1995.荀子全译.贵阳:贵州人民出版社,79.
[57] 蒋南华(译注).1995.荀子全译.贵阳:贵州人民出版社,347.
[58] 周才珠等(译注).1995.墨子全译.贵阳:贵州人民出版社,180.
[59] 蒋南华(译注).1995.荀子全译.贵阳:贵州人民出版社,194.
[60] 王力.1981.古代汉语(三).北京:中华书局,886.
[61] [明]徐光启.2002.农政全书.长沙:岳麓书社,746-749.
[62] 国家统计局.中国统计年鉴(2012).北京:中国统计出版社,262.
[63] 国家统计局.中国统计年鉴(2003).北京:中国统计出版社,830.
[64] 国家统计局.2011.中国统计年鉴(2011).北京:中国统计出版社,933.
[65] 张家诚.1988.气象与人类.郑州:河南科学技术出版社,240.
[66] 国家统计局.2003.中国统计年鉴(2003).北京:中国统计出版社,354,362,364.
[67] [法]孟德斯鸠.1997.论法的精神.北京:商务印书馆,234,235.
[68] 林惠祥.1996.文化人类学.北京:商务印书馆,77.
[69] 朱东润.1979.中国历代文学作品选.上海:上海古籍出版社,209.
[70] 王强模(译注).1993.列子全译.贵阳:贵州人民出版社,140.
[71] 编写组.1986.社会心理学教程.兰州:兰州大学出版社,3.
[72] 马克思.1979.1844年经济学:哲学手稿.北京:人民出版社,75.
[73] 司马云杰.2001.文化社会学.北京:中国社会科学出版社,133.
[74] 达尔文.1983.人类的由来.北京:商务印书馆,118.
[75] 程纯枢.中国的气候与农业.北京:气象出版社,127.
[76] 唐赤容(编译).1998.黄帝内经.北京:中国文联出版公司,12.
[77] 张家诚.1988.气象与人类.郑州:河南科学技术出版社,169.
[78] 张家诚.1995.中国自然资源丛书——气候卷.北京:中国环境科学出版社,450.
[79] 马克思恩格斯选集.1976.第4卷,北京:人民出版社,17.
[80] 马克思恩格斯选集.1976.第4卷,北京:人民出版社,18.
[81] 马克思恩格斯选集.1976.第3卷,北京:人民出版社,515.
[82] 唐赤容(编译).1998.黄帝内经.北京:中国文联出版公司,12.
[83] 沙少海.1995.老子全译.贵阳:贵州人民出版社,42.
[84] 中国历代文学作品选(上编).第一册,283.

[85][法]孟德斯鸠. 1997. 论法的精神. 北京:商务印书馆,229,230.
[86][法]孟德斯鸠. 1997. 论法的精神. 北京:商务印书馆,305.
[87][法]孟德斯鸠. 1997. 论法的精神. 北京:商务印书馆,210.
[88]李维. 1996. 心理学百科全书. 杭州:浙江教育出版社,210.
[89]高明灿. 2004. 正常人体机能. 北京:高等教育出版社,5.
[90]夏廉博. 1984. 天气与健康. 北京:气象出版社,13.
[91]李国章. 2003. 生理学. 北京:人民卫生出版社,378.
[92]李国章. 2003. 生理学. 北京:人民卫生出版社,450.
[93]李维. 1996. 心理学百科全书. 杭州:浙江教育出版社,1912.
[94]高明灿. 2004. 正常人体机能. 北京:高等教育出版社,5.
[95]夏廉博. 1984. 天气与健康. 北京:气象出版社,13.
[96]李国章. 2003. 生理学. 北京:人民出版社,378.
[97]李国章. 2003. 生理学. 北京:人民出版社,450.
[98]李维. 1996. 心理学百科全书. 杭州:浙江教育出版社,1912.